프리터의 품격
보이지 않는 청년들의 삶

프리터의 품격
보이지 않는 청년들의 삶

초판 1쇄 발행 2025년 11월 28일

지은이 김광민
펴낸이 장길수
펴낸곳 지식과감성#
출판등록 제2012-000081호

교정 이주연
디자인 강샛별
편집 강샛별
검수 김지원, 정윤솔
마케팅 김윤길

주소 서울시 금천구 벚꽃로298 대륭포스트타워6차 1212호
전화 070-4651-3730~4
팩스 070-4325-7006
이메일 ksbookup@naver.com
홈페이지 www.knsbookup.com

ISBN 979-11-392-2938-7(03330)
값 16,700원

본 책은 (주)부크크에서 제작한 글꼴 '부크크 명조'를 사용하였습니다.

- 이 책의 판권은 지은이에게 있습니다.
- 이 책 내용의 전부 또는 일부를 재사용하려면 반드시 지은이의 서면 동의를 받아야 합니다.
- 잘못된 책은 구입하신 곳에서 바꾸어 드립니다.

지식과감성#
홈페이지 바로가기

프리터의 품격

보이지 않는 청년들의 삶

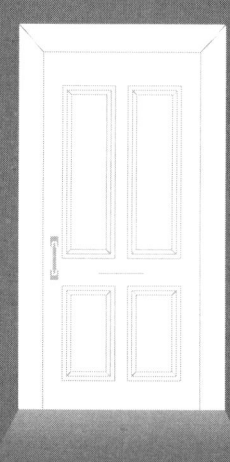

은둔고립청년 54만 명 시대,
우리는 앞으로 어떻게 해야 하는가

김광민 지음

지식과감정#

목차

작가의 말　　　　　　　　　　　　　　　　　　10

Part 01　프리터족이란?

1-1. '프리터'의 정의　　　　　　　　　　　　　14
1-2. 같은 이름, 다른 이야기　　　　　　　　　　16
1-3. 청년 통계로 본 프리터의 현실　　　　　　　19
1-4. 프리터와 사회 인식　　　　　　　　　　　　21
1-5. 프리터가 바꾸는 노동의 의미　　　　　　　24

Part 02　우리나라만의 문제일까?

2-1. 일본의 '프리터' 세대　　　　　　　　　　　28
2-2. 유럽의 간헐적 노동 문화　　　　　　　　　30
2-3. 미국의 긱 이코노미　　　　　　　　　　　　33
2-4. 남미·동남아 사례　　　　　　　　　　　　　36
2-5. 비교 속 한국형 프리터　　　　　　　　　　　39

Part 03 쉬는 청년의 마음

3-1. 학습된 무기력   44
3-2. '잠시 멈춤'의 필요성   46
3-3. 쉬는 것에 대한 죄책감   49
3-4. '쉰다'의 다른 이름들   52
3-5. 휴식이 만드는 장기적 변화   54

Part 04 니트족이란?

4-1. NEET의 정의와 배경   58
4-2. 니트족의 심리   61
4-3. 니트와 프리터의 경계   63
4-4. 니트족을 둘러싼 사회 인식   65
4-5. 니트로 사는 법   67

Part 05 은둔형 외톨이란?

5-1. 히키코모리의 기원   72
5-2. 한국의 은둔형 외톨이 현황   75
5-3. 은둔과 디지털 공간   78
5-4. 은둔의 장기화와 위험   80
5-5. 은둔에서 나오는 방법   82

Part 06 경계선 지능 청년이란?

6-1. 대한민국 국민 7명 중 1명   86
6-2. 경계선 지능 청년의 일상   88
6-3. 경계선 지능과 사회적 취약성   90
6-4. 경계선 지능과 노동시장   92
6-5. 보이지만, 보이지 않는 존재   95

Part 07 보호종료아동이란?

7-1. 보호종료의 의미와 현실   98
7-2. 보호종료청년의 자립 준비   101
7-3. 집이 있어야 꿈을 꿀 수 있다   104
7-4. 프리터와 보호종료청년의 연계성   107
7-5. 해석과 방향점   109

Part 08 비교와 우열

8-1. 끝없는 비교의 사회   112
8-2. '평균'의 함정   114
8-3. 낙인의 메커니즘   116
8-4. 자기검열의 사회   118
8-5. 연대의 가능성   121

Part 09 성과주의

9-1. 성과로만 평가받는 시대	124
9-2. 한국 성과주의의 뿌리	126
9-3. 번아웃 세대	128
9-4. 불안 산업의 확장	130
9-5. 회복의 사회	132

Part 10 정답은 없다

10-1. 다양한 길이 공존하는 사회	136
10-2. 개인의 속도와 방향	139
10-3. 실패의 재정의	141
10-4. 쉼의 권리, 삶의 균형	143
10-5. 인생은 트레킹이다	145

Part 11 삶의 속도

11-1. 빨라야 한다는 강박	148
11-2. 세상에 당연한 건 없다	151
11-3. 부모의 기대, 자녀의 현실	153
11-4. 세대 간 대화의 복원	155
11-5. 서로 다른 시계를 맞추는 법	157

Part 12 타인은 지옥이다

12-1. 타인의 시선에 갇힌 방 … 160
12-2. 나는 누구인가 … 162
12-3. 나는 있는 그대로의 나다 … 164
12-4. 불완전한 아름다움으로부터 … 166
12-5. 나는 당신이 애쓰지 않았으면 좋겠다 … 168

Part 13 이미 골든타임을 놓쳤지만

13-1. 잃어버린 시간의 대가 … 172
13-2. 일촉즉발의 위기 … 174
13-3. 골든타임을 놓친 5080세대 … 177
13-4. 세컨드 골든타임 … 180
13-5. 희망은 여전히 남아있다 … 182

Part 14 위로와 연대의 사회

14-1. 높은 벽 앞에 선 청년들 … 186
14-2. 결코, 당신의 탓이 아니다 … 188
14-3. 오히려 좋아 … 190
14-4. 얼마나 잘되려고 이럴까 … 192
14-5. 위로에서 변화로 … 194

Part 15 작가의 노트

15-1. 내가 프리터로 살며 쓴 기록	198
15-2. 다음 세대를 위한 제언	200
15-3. 나의 경험에서 우리의 길로	203
15-4. 작은 불빛이 모여 길을 밝힌다	205
15-5. 태어난 것만으로도 존엄한 존재	207

작가의 마지막 말   209

작가의 말
: 《프리터의 품격》이라는 책을 쓰게 된 이유

나는 니체의 영원회귀 사상을 처음 접했을 때, 이런 질문이 머릿속에 맴돌았다.

"만약 오늘이 무한히 반복된다면,
그 삶을 기꺼이 사랑할 수 있는가?"

그 질문은 나에게 오래 붙어 있었다. 1년이 넘도록 치열하게 취업을 준비했고, 마침내 전환형 인턴을 거쳐, 대기업 영업 관리 정규직에 최종 합격했다. 하지만 그 속도는 나를 행복하게 만들지 못했다. 준비 기간 절반인 6개월도 채우지 못하고, 퇴사를 결정했다.

지금 나는 작가라는 꿈을 위해 아르바이트와 대학원을 병행하고 있다. 누군가 보기엔 불안정하고, 때로는 무모해 보일지 모른다. 하지만 적어도 숨이 트인다. 하루하루가 조금 더 '나답다'라고 느껴진다.

프리터(Freeter)라는 단어를 안 것도 그 무렵이었다. '자유'와 '노동자'가 합쳐진 말. 겉으로는 자유로워 보이지만, 속은 허공에 매달린 사람들. 나는 그 단어 속에서 이상하게도 위안을 받았다.

누군가가 이미 이런 삶에 이름을 붙였다는 사실, 그리고 혼자가 아니라는 사실이.

이 책은 '프리터 찬양'도, '프리터 극복 설명서'도 아니다. 오히려 프리터로 살아가는 동안 내가 마주친 풍경들, 불안과 여유, 낙인과 해방이 뒤섞인 그 질감을 있는 그대로 기록하려 한다.

쉬는 날이 많아도, 때로는 일하는 날보다 삶이 더 선명해질 때가 있다. 우리는 모두 달리는 속도도, 걷는 방법도, 심지어 멈추는 이유도 다르다.

세상은 하나의 속도를 '정상'이라 부르고,
거기서 벗어나면 실패로 규정한다.

나는 이렇게 생각한다. 만약 오늘이 무한히 반복된다면, 프리터의 하루도 사랑할 수 있어야 한다고. 비록 불안하고, 어쩌면 조금 부족하더라도, 그 안에서 발견한 자기만의 호흡과 방향이 있다면 말이다.

이 책은 당신에게 정답을 주지 않는다.

혹시 오늘도 쉬었는데,
생각보다 괜찮지 않았는가?

Part 01

프리터족이란?

1-1

'프리터'의 정의

: 이름이 생기면, 존재가 선명해진다

프리터(Freeter)라는 단어는 일본에서 처음 만들어졌다. Free(자유)와 Arbeiter(독일어로 '노동자')가 합쳐진 합성어다.

처음 이 단어가 쓰이기 시작한 건 1980년대 후반, 일본의 버블 경제가 꺼진 직후였다. 종신고용이 무너지고, 안정된 정규직 자리를 얻기 힘들어진 청년들이 시간제·단기·비정규직 일을 전전하게 되면서, 언론이 이를 묶어 부르기 위해 만들어 낸 용어였다.

당시의 '프리터'는 단순한 무직자가 아니었다. 그들은 일하고 있었다. 다만, 그 일이 '정규직'이라는 사회적 안정의 틀 안에 있지 않았을 뿐이다. 누군가는 프리터를 "게으른 청년"이라 불렀고, 또 다른 누군가는 "자유를 택한 세대"라고 말했다.

한국에 이 개념이 들어온 건 1990년대 후반 IMF 외환위기 이후다. 경제 구조가 급격히 변하면서, '정규직 중심 사회'의 틀은 금이 가기 시작했다. 계약직, 파견직, 단기 아르바이트가 늘었고, 이를 잠시 거쳐 가는 사람들이 아니라 장기간 머무는 이들이 생겼다. 그 이후로부터 한국에서도 프리터라는 말이 쓰이기 시작했다.

프리터의 정의를 한 줄로 요약하자면 "정규직이 아닌 일로 생계를 유지하며, 단기·시간제·비정규직 노동을 지속하는 사람"이다.

하지만, 이 정의에는 중요한 맥락이 빠져 있다.
'왜, 프리터가 되었는가?', 그리고 '그 삶을 어떻게 바라보는가?'에 대한 부분이다.

어떤 프리터는 하고 싶은 일을 준비하려고 일부러 시간을 비워 둔다. 어떤 프리터는 원치 않지만, 정규직 자리를 얻지 못해 그렇게 살아간다. 같은 '프리터'라는 이름을 달고 있어도, 그 속의 사정은 천차만별이다.

**이름이 생기면,
존재가 선명해진다.**

'프리터'라는 이름은 단순히 직업 형태를 가리키는 말이 아니다.
그 안에는 불안과 자유, 사회적 낙인과 자기 선택, 그리고 수많은 개인의 서사가 함께 들어 있다.

1-2
같은 이름, 다른 이야기
: 4가지의 층위로 바라보는 프리터

프리터라는 이름 속에는 수많은 하루가 숨어 있다. 겉에서 보면 모두 '정규직이 아닌 청년 노동자'라는 하나의 얼굴이지만, 조금만 가까이 다가가면 전혀 다른 사연들이 보인다. 그 차이는 생각보다 크고, 때로는 한 사람의 인생 방향까지 바꿔놓는다.

나는 프리터를 적어도 네 부류로 나눠서 바라본다.

- **첫 번째, 선택해서 걷는 길**

어떤 이들은 정규직을 할 능력도, 기회도 충분히 있지만, 굳이 그 길을 택하지 않는다. 그들에게 안정은 매력적이지만, 자유를 잃는 건 견디기 힘든 일이다.

낮에는 카페에서 커피를 내리고, 밤에는 연습실에서 기타를 잡는 음악인. 전업 작가를 꿈꾸며 서점 계산대에 서 있는 청년. 그들의 하루는 누가 보기엔 불안정하지만, 본인에겐 계획과 의도가 분명하다. 이건 생계의 끝자락이 아니라, 삶의 주도권을 쥔 방식이다.

• **두 번째, 잠시 거쳐 가는 길**

또 다른 이들은 프리터 생활을 '임시 전략'으로 삼는다. 국가고시를 준비하는 수험생이 학원비를 벌기 위해 야간 편의점에 나가고, 대학원 진학 전 학비를 모으느라 카페 홀을 오가는 청년이 그렇다.

그들의 아르바이트는 목적지가 아니라, 목적지에 가기 위한 징검다리다. 이 길은 오래 머무를 생각이 없기에, 시간의 무게도 다르게 느껴진다.

• **세 번째, 선택의 여지가 없는 길**

어떤 이들은 이 길을 원하지 않는다. 이력서를 수십 장 써도 면접조차 잡히지 않고, 생활비는 매일 줄어든다. 결국, 마트·식당·공사장을 옮겨 다니며 하루를 버틴다.

이건 '나의 선택'이 아니라 '살기 위한 강제 노선'이다. 고용 시장의 경쟁, 학력과 경력의 빈칸, 경제적 제약이 그들을 이 자리로 밀어 넣는다. 여기엔 자유 대신 장기적인 불안이, 자발성 대신 생존의 절박함이 깔렸다.

• **네 번째, 경계 위의 불안한 길**

마지막 부류는 일과 단절 사이의 얇은 경계에 서 있다. 몇 달 일하다가 그만두기를 반복하거나, 건강상의 문제로, 장시간 일하는 것이 불가능한 경우 사회적 관계가 끊기고, 심리적인 이유로도 안정된 근로 패턴을 유지하기 어렵다. 이들은 언제든 경제활동에서 아주 멀어질 수 있는 취약한 지점에 있다.

프리터라는 이름은 하나지만, 그 안에는 이렇게 다른 결이 존재한다. 누군가는 자유를 즐기고, 누군가는 버티며 살아내고, 누군가는 경계 위를 아슬아슬하게 걷는다. 그래서 프리터를 한 가지 색으로만 칠하는 건, 그들의 삶을 반쪽만 보는 일이다.

이 네 가지 층위를 이해하는 순간,
우리는 비로소 '프리터'라는 단어에 숨어 있는,
얼굴들을 온전히 바라볼 수 있다.

1-3

청년 통계로 본 프리터의 현실
: 숫자 속에 숨은 이야기

프리터라는 말은 추상적이다.
하지만, 숫자는 그 추상을 조금 더 또렷하게 만들어 준다.

통계 속에는 '정규직'이라는 울타리 밖에서 살아가는 수많은 청년의 하루가 담겨 있다. 그 숫자를 따라가다 보면, 표와 그래프 뒤에 숨은 얼굴들이 보인다.

2024년 통계청에 따르면, 20대 임금근로자 10명 중 4명이 비정규직으로 약 146만 명이 집계되었다고 한다. 비정규직 비중으로 따지면 43.1%로 해당한다. 이는 계약직, 파견직, 일용직, 시간제 노동 등 다양한 형태가 여기에 포함된다.

비정규직의 평균 근속기간은 약 2년 10개월로 정규직 평균 약 8년 7개월에 비해 '4분의 1수준'에 불과하다. (통계청, 2024) 이는 안정적으로 뿌리내리기보다 단기·순환 노동 구조 속에 머무를 가능성이 높음을 의미한다.

같은 조사에서 비정규직 청년의 월평균 임금은 204.8만 원으로, 정규직의 379.6만 원에 비해 약 64%에 그쳤다. (통계청, 2024)

고용노동부의 〈2024년 고용형태별 근로실태조사 보고서〉에 따르면 시간당 임금으로 비교했을 때 정규직은 27,703원, 비정규직은 18,404원이었다.

자발적으로 프리터를 선택한 경우라면 생활비를 조절하며 버틸 수 있지만, 불가피형이나 생계형 프리터에게 이 수치는 장기적으로 생계에 어려움을 겪는 벽이 된다.

숫자는 차갑지만,
그 속에는 사람들의 삶이 녹아 있다.

6개월마다 직장을 옮기는 사람, 100만 원 남짓으로 한 달을 버티는 사람, 그리고 그 모든 어려움 속에서도 미래를 준비하는 사람. 우리는 이 모든 얼굴을 '프리터'라는 이름으로 부른다.

그 단어가 가리키는 삶은,
결코 한 가지 색으로만 칠해질 수 없다.

1-4

프리터와 사회 인식

: 낙인과 부러움 사이

프리터를 바라보는 시선은 언제나 양극단을 오간다.
누군가에는 '제대로 하지 못한 사람'이고,
또 누군가에게는 '속박에서 벗어난 자유인'이다.

같은 이름인데도 정반대의 이미지가 붙는 것은, 그만큼 사람들이 프리터를 단순히 '삶의 방식'으로 보지 않고 각자의 잣대로 해석하기 때문일지도 모른다.

낙인의 시선은 언제나 날카롭다. 가족과의 식사 자리에서 '아직도 직장 못 구했어?'라는 말은 너무도 쉽게 흘러나오고, 친구나 동기들과의 자리에서도 은근한 비교로 무거운 분위기가 형성된다.
  그 순간 프리터는 자신이 선택한 길이라 하더라도 자꾸만 변명처럼 설명해야 한다. **사회가 붙인 꼬리표는 조용히 자존감을 깎아내리고, 결국 자신의 선택마저 부정하게 만든다.**

다른 한편에서는 부러움이 따라붙는다. '부럽다, 너는 네 시간대로 살 수 있잖아.' 정규직의 긴 근무표와 회식, 반복되는 회의에 지친 사람들에게 프리터의 삶은 자유롭게 보인다. 원할 때 일하고, 원할 때 쉰다는 것.

하지만, 그 자유는 언제든 불안으로 바뀔 수 있다. 다음 달 월세와 카드값을 떠올리는 순간, 자유는 곧 무거운 책임이 되어 돌아온다. 겉으로 보이는 여유는 종종 상상 속 그림자일 뿐이다.

미디어가 그려내는 프리터의 모습은 이 양극단을 더욱 극적으로 만든다. 드라마 속에서는 웃으면서 커피를 내리고, 유튜브 브이로그 속에서는 여행하며 콘텐츠를 만드는 모습만 비춘다.

현실의 하루는 편집되지 않는다. 장시간 서 있어야 하는 다리의 통증, 쌓이지 않는 사회보험의 불안함. 이러한 장면들은 화면 밖에 남겨진다.

결국 프리터라는 존재는 사회가 씌운 시선 속에서 흔들린다. 낙인은 사람을 위축시키고, 과도한 부러움은 현실을 가린다. 그 사이에서 프리터는 종종 '불완전한 청년'처럼 취급된다.

하지만,
정말 그럴까?

프리터라는 이름은 단순히 정규직이 아닌 사람을 뜻하는 것일까, 혹은 성공하지 못한 청년이라는 낙인으로만 남아야 할까?

나는 그 이름에 다른 색을 덧칠해 보고 싶다. 자유와 불안, 자발과 불가피, 낙인과 부러움이 뒤섞인 얼굴들. 그 구체적인 하루와 삶을 통해, 프리터는 다시 하나의 존재로 불릴 수 있을 것이다.

1-5

프리터가 바꾸는 노동의 의미

: 생존에서 자기결정으로

프리터를 이야기할 때, 많은 사람은 가장 먼저 '불안정한 직업'이라는 단어를 떠올린다. 하지만, 시선을 조금만 달리하면, 프리터는 단순한 생계의 문제를 넘어 노동의 의미 자체를 흔드는 중요한 징후이기도 하다.

오랫동안 한국 사회에서 '일한다'라는 말은 곧 정규직을 뜻했다. 정해진 시간, 정해진 장소, 정해진 급여. 이 공식을 벗어나면 어딘가 부족하거나 실패한 것처럼 여겨졌다.

프리터의 등장은 그 공식을 서서히 흔들었다. 반드시 정규직이어야만 '일하는 사람'일까? 노동은 하나의 직장에 몸을 묶어두는 것만을 의미할까?

**프리터의 삶은 무엇보다,
시간의 주권을 되돌려준다.**

언제, 어디서, 얼마나 일할지 스스로 결정할 수 있다는 것은 단순한 편의가 아니라 삶의 질에 직결되는 문제다. 물론, 그 자유는 언제나 불안과 함께 찾아오지만, 불안과 자유가 동시에 뒤엉켜 있다는 사실이야말로 이들의 일상을 가장 잘 설명해 준다.

또한 프리터는 노동의 가치를 다시 묻는다. 정규직 사회에서는 높은 연봉과 직함이 곧 가치의 기준이었다.
프리터에게 중요한 것은 다른 곳에 있다. 나와 맞는가, 내 삶에 무엇을 남기는가. 급여가 낮지만, 좋아하는 분야에서 경험을 쌓고, 전문성을 키워나가는 모습 속에서 노동은 단순히 돈을 버는 수단을 넘어 '나답게 살아가기 위한 과정'으로 다시 정의된다.

이 과정은 직업관의 다양한 변화를 불러온다. **한 가지 일을 오래 붙잡는 대신, 여러 가지 일을 경험하며 다중 경력과 새로운 정체성을 쌓는다.** '한 우물만 파야 한다'라는 오래된 직업 관념이 조금씩 흔들리며, 다양한 경로와 조합이 가능하다는 사실이 드러난다.
이는 불안정의 그림자를 동반하지만, 동시에 더 넓은 가능성을 향한 발걸음이기도 하다.

모든 프리터가 자발적인 것은 아니다. 하지만, 자발적으로 이 길을 택한 이들의 존재는 노동을 '생존의 수단'에서 '자기결정의 도구'로 바꿔낼 수 있다는 가능성을 보여준다. 이 변화는 아직 작고 느리지만, 분명한 것은 사회가 노동을 바라보는 관점 자체를 흔들고 있다.

프리터는 단순히 정규직 밖에 머무는 사람들이 아니다. 그들은 노동의 의미를 다시 묻고, 새로운 길을 걸어가는 도전이자 사회의 새로운 변화다.

그리고 그 변화는 언젠가 더 넓은 길이 되어,
우리의 일과 삶을 연결 짓는 방식을 바꿔놓을지도 모른다.

Part 02

우리나라만의 문제일까?

2-1
일본의 '프리터' 세대
: 버블 붕괴 이후, 청년의 다른 이름

'프리터(Freeter)'라는 단어는 일본에서 처음 태어났다. 1980년대 후반, 버블 경제가 꺼져가던 시기에, 정규직 대신 단기·시간제 노동을 택하는 청년들이 등장했다.

언론은 이들을 가리켜 Free(자유)와 Arbeiter(독일어로 '노동자')를 합쳐 '프리터'라고 불렀다. 당시에는 '새로운 세대의 자유로운 선택'이라는 기대 섞인 시선도 있었다.

그러나, 1991년 버블 붕괴 이후 상황은 급격히 달라졌다. **기업들이 구조조정을 단행하면서 종신고용이라는 상징은 무너졌고, 청년들은 '취업 빙하기 세대'라는 이름으로 불리게 되었다.** 정규직의 문이 닫히자 수많은 청년들이 파견·계약직·아르바이트로 내몰렸고, '프리터'는 더 이상 소수의 선택이 아닌 일본 청년 전체의 얼굴이 되었다.

시간이 흐르면서 '자유로운 세대'라는 이미지보다 '불안정한 노동자'라는 낙인이 점점 짙어졌다. 소득과 경력의 불안정, 사회보험과 연금에서의 배제, 결혼과 출산의 지연 등은 프리터의 연쇄반응으로 일본 사회의 구조적 문제로 이어졌다.

언론은 곧 '프리터'라는 단어를 '니트(NEET)'나 '히키코모리(은둔형 외톨이)'와 함께 사용하며, 불안정과 고립의 대명사로 소비했다.

일본 정부도 가만히 있지 않았다. 2000년대 중반, 청년을 위한 '잡카페', '취업지원센터'를 만들고, 기업에 정규직 채용 인센티브를 제공했다.

하지만, 장기 불황과 고령화라는 더 큰 파도 앞에서, 이런 노력은 한계에 부딪혔다. 청년 세대는 여전히 '프리터'라는 이름을 벗어나지 못했다.

**한국 역시 IMF 외환위기 이후,
일본과 닮은 길을 걸어갔다.**

다만, 우리는 '프리터'라는 이름 대신 '비정규직 청년'이라는 행정적 용어를 더 많이 사용했다. 결과적으로 하나의 단어로 세대를 상징화하진 못했지만, 그 대신 정규직과 비정규직 사이의 벽이 더 빠르고 견고하게 굳어졌다.

일본의 프리터 세대는 단순한 고용 형태를 넘어, 한 시대 청년의 경제적·심리적 초상이다. 그리고 그 초상은 30년이 지난 지금도 한국의 오늘을 비추는 거울처럼 여전히 유효하다. 청년을 둘러싼 불안과 낙인은 국경을 넘어 닮아 있었고, 그 그림자는 여전히 현재진행형으로 이어지고 있다.

2-2

유럽의 간헐적 노동 문화

: 일하지 않는 시간도 '삶'의 일부

유럽에서 프리터와 비슷한 개념은 '간헐적 노동' 혹은 '포트폴리오 워커(Portfolio Worker)'라고 불린다.

그런데, 여기서는 이 단어가 한국이나 일본처럼 불안정과 패배의 이미지로 굳어지지 않는다. 오히려 삶을 설계하는 하나의 방식으로 받아들여진다.

독일, 네덜란드, 덴마크 같은 나라에서는 파트타임 근무가 특별한 일이 아니다. **네덜란드의 경우 전체 취업자의 상당수인 35.2%가 파트타임으로 일하고, 그중 많은 사람이 자발적으로 그 방식을 택한다.** (국가통계포털 KOSIS, 2023)

노동시간을 줄여도 사회보험과 복지 혜택이 유지되기 때문에, 정규직과의 격차가 크게 벌어지지 않는다. 덕분에 "정규직이 아니면 실패"라는 사고가 자리 잡기 어렵다.

무엇보다 이 배경에는 사회안전망이 있다. 실업급여, 주거 보조금, 의료 지원 같은 제도가 안정적으로 뒷받침되니, 일하지 않는 시간이 곧 인생의 실패로 이어지지 않는다. 사람들은 노동의 공백을 부끄럽게 여기지 않고, 스스로를 재정비하는 시기로 받아들인다.

이러한 문화는 노동의 목적을 새삼 다시 묻게 만든다. 프랑스에는 "일하기 위해 사는 것이 아니라, 살기 위해 일한다"라는 격언이 있다. 여기서는 여가와 가족, 취미, 여행이 단순한 여분이 아니라 삶의 본질적인 요소로 여겨진다.
"Joie de vivre(삶의 기쁨, 인생의 즐거움)"는 프랑스 문화의 핵심 가치로서 삶 자체를 즐기는 태도이다. 그래서 간헐적 노동을 택한 사람들은 '열심히 살지 않는 이들'이 아니라, 삶의 균형을 아는 이들로 평가받는다.

경력에 대한 인식도 다르다. 영국이나 독일에서는 다양한 업종에서 쌓은 단기 경험을 경력의 공백이 아니라, 하나의 포트폴리오로 인정한다. 한 회사에서 오랫동안 버틴 경력보다, 여러 환경에서 발휘한 적응력과 기술이 더 큰 자산으로 여겨지기도 한다.

이 지점에서 한국과 일본과의 차이가 분명해진다. 우리는 여전히 비정규직이나 단기 노동을 '미완'이나 '하향'의 의미로 해석한다. 반면 유럽에서는 노동 형태 자체가 개인의 선택이라는 인식이 뿌리 깊다. 결국, 차이를 만드는 것은 문화가 아니라, 제도가 그 선택을 지탱할 수 있느냐의 문제다.

유럽의 간헐적 노동 문화는 우리에서 낯선 질문을 던진다. 노동의 목적은 단순히 생존이 전부일까? 아니면, 우리가 원하는 삶을 설계하기 위한 과정일까?

그 질문 앞에서, 우리는 아직 명확한 답을 내리지 못하고 있는지도 모른다.

2-3
미국의 긱 이코노미
: 플랫폼 위에서 달리는 자유와 불안

미국에서 프리터와 가장 가까운 단어는,
'긱 이코노미(Gig Economy)'다.

'Gig'라는 말은 원래 재즈 뮤지션들이 단기 공연을 가리킬 때 쓰던 말이었지만, 오늘날에는 플랫폼을 통해 단기 계약·프로젝트 기반으로 일하는 방식을 뜻한다. '우버', '에어비앤비' 같은 서비스가 그 대표적인 얼굴이다.

스마트폰과 GPS, 결제 시스템의 발전은 누구나 공급자가 될 수 있는 새로운 시장을 열었다. 자동차만 있으면 우버 드라이버가 될 수 있고, 부엌과 요리 실력만 있으면 배달 서비스를 시작할 수 있으며, 여유 공간이 있다면 숙박 호스트가 될 수 있다. **플랫폼은 일감을 연결하는 중개자 역할을 하고, 노동자는 전통적인 고용 관계와 상관없이 원하는 방식으로 참여한다.**

긍정적인 면에서 '긱 이코노미'는 극대화된 유연성을 제공한다. 로

그인만 하면 일을 시작할 수 있고, 원하면 언제든 로그아웃할 수 있다. 여러 플랫폼을 병행해 소득원을 다변화할 수도 있고, 별도의 학위나 경력이 없어도 당장 시작할 수 있다.

그만큼 시간과 선택의 자율성이 커지고, 직장이라는 울타리에서 벗어난 새로운 가능성을 제공한다.

하지만, 그 자유는 동시에 불안을 품고 있다. 이들은 법적으로 '독립 계약자'로 분류되기 때문에, 최저임금 보장도 없고 유급휴가나 보험, 퇴직금 같은 복지 혜택도 제공되지 않는다.

플랫폼의 알고리즘이나 정책이 바뀌면 곧바로 영향을 받으며, '자유'라는 이름 아래 모든 리스크를 개인이 감당해야 한다. 이는 곧 불안정이 제도화되는 구조이기도 하다.

'긱 이코노미'는 노동자 사이의 새로운 양극화를 만들어 낸다.

일부는 이를 기회의 장으로 활용하지만, 다수는 전통적 안전망이 없는 협력업체의 구조 속에서 장기적 커리어를 쌓기 어려운 상황에 놓인다. 안정적 경력을 쌓을 기회가 줄어드는 것은, 미래의 고용 시장에서 불리한 위치에 놓인다는 뜻이기도 하다.

한국에서도 이미 '쿠팡이츠', '배달의 민족', '요기요', '크몽' 같은 플랫폼 노동이 빠르게 확산되고 있다. 미국의 사례는 우리에게 중요한 질문을 던진다.

우리는 긱 워커의 권리를 어떻게 보장할 것인가? 유럽처럼 사회안전망을 두텁게 만들어 선택의 자유를 뒷받침할 것인가, 아니면 미국처럼 시장의 자율에 맡길 것인가. '긱 이코노미'는 결국 '프리터'라는 오래된 단어를 새로운 기술 위에 다시 올려놓은 버전이다.

자유와 불안은 같은 플랫폼 위의,
양면성이 짙은 동전과 같다.

2-4

남미·동남아 사례

: 제도 밖에서 살아가는 것이 '일상'인 곳

남미와 동남아시아에서는 '프리터'라는 단어가 널리 쓰이지 않는다. 하지만 비정규직·간헐 노동, 더 나아가 '비공식 노동'은 이 지역의 경제를 지탱하는 가장 중요한 축 가운데 하나다.

한국이나 일본에서 프리터가 '정규직이 아닌 예외적인 상태'를 의미한다면, 이곳에서는 오히려 노동의 기본값에 가깝다.

국제노동기구(ILO)에 따르면 2018년 중남미 고용 시장에서 비공식 부문에 종사하는 근로자는 약 1억 4,000만 명으로 이는 전체 고용의 53.8%를 차지한다고 한다. (외교부, 2022)

인도네시아, 필리핀, 베트남 등 동남아시아도 마찬가지로, 거리의 상인, 오토바이 택시, 가내 수공업은 사회 전반을 움직이는 거대한 고용망이다. 이들의 일은 대체로 계약서조차 없이 하루 단위, 주 단위로 고용이 이뤄지고, 일한 만큼만 수입이 생기는 구조다.

공식 고용이 아니기에 사회안전망은 거의 존재하지 않는다. 의료보험, 연금, 실업급여 같은 제도적 보장은 희박하고, 사고나 질병은 곧바로 생계 위기로 이어진다. 안전망의 자리를 대신하는 것은 가족과 공동체뿐이다. 국가가 제공하지 않는 보호를 이웃과 친척이 메우는 구조 속에서, 개인은 늘 위태로운 하루를 이어간다.

이 지역의 비공식 노동은 자영업과 고용의 경계가 흐릿하다. 길거리 음식을 파는 사람은 자기 장비를 쓰지만, 동시에 특정 상점이나 관광업체의 협력관계로 묶여 있고, 오토바이 배달원은 플랫폼에 소속되지 않은 채 식당이나 개인 상점과 직접 계약을 맺는다. 독립성과 종속성이 동시에 얽혀 있는 것이다.

많은 이들은 생존을 위해 여러 일을 병행한다. 오전에는 건설 현장에서, 오후에는 배달을, 주말에는 시장에서 장사하며 한 달 수입을 겨우 맞춘다.

유럽에서의 '포트폴리오 경력'이 자기 계발의 결과라면, 이곳에서의 다중 일자리는 어디까지나 생존을 위한 전략이다. 선택이 아니라 필연이라는 점에서, 의미는 전혀 다르다.

이런 현실은 한국과도 닮은 듯 다르다. 사회안전망이 부족한 상황에서 비정규직·간헐 노동이 장기적으로 이어지면, 빈곤과 불안정이 반복된다는 점은 같다.

한국에서는 여전히 프리터가 '정규직으로 가기 전의 임시 상태'라는 인식이 강하다. 반면, 남미와 동남아에서는 그것이 평생에 걸쳐 지속되는, 하나의 전형적인 노동 방식으로 고착되었다.

남미와 동남아의 사례는 분명한 사실을 우리에게 알려준다. **프리터라는 개념은 반드시 청년만을 뜻하지 않는다.** 사회 구조와 안전망이 취약할수록, 그 범위와 세대는 훨씬 더 넓어진다.

노동의 불안정은 특정 세대의 문제가 아니라,
사회 전체를 비추는 거울이 된다.

2-5
비교 속 한국형 프리터
: 불안정 속에서도 '정규직'을 향해 달리는 사회

세계 곳곳의 프리터와 간헐 노동을 살펴보면 공통점과 차이점이 뚜렷하다. 일본은 버블 붕괴 이후 '프리터 세대'가 대규모로 확산됐고, 유럽은 사회안전망 속에서 '간헐 노동'을 개인의 선택지로 인정했다.

미국은 플랫폼 기술을 기반으로 '긱 이코노미'가 폭발적으로 성장했으며, 남미와 동남아에서는 '비공식 노동'이 아예 경제의 주류로 자리 잡았다.

그렇다면 한국의 프리터는 어떤 얼굴을 하고 있을까. **한국 사회에서 프리터는 대체로 '정규직으로 가기 전의 임시 상태'라는 전제를 안고 있다.**

"언제 취업할 거야?"라는 질문은 그림자처럼 늘 따라붙고, 프리터의 삶은 잠시 머물렀다가 떠나야 할 과도기로 규정된다. 장기적으로 머무는 것은 실패처럼 여겨지는 관습으로 자리 잡았기 때문이다.

이런 인식은 한국 고유의 빠른 속도 문화와 맞닿아 있다. 청년 고용 시장은 일본의 '취업 빙하기'처럼 경쟁이 치열하고, 여기에 "빨리 자리를 잡아야 한다"라는 압박이 더해진다.

1년 이상 프리터 상태가 지속되면 사회적 낙인이 강해지고, 정규직만이 정상 경로라는 시선은 여전히 견고해진다.

문제는 사회안전망이 얇다는 점이다. 유럽과 달리, 한국의 비정규·간헐 노동자들은 사회보험·연금·실업급여 등 혜택에서 쉽게 배제된다. 일용직·아르바이트는 4대보험 가입률이 낮고, 노동 공백기에 대한 보호 장치가 거의 없다. 이 구조는 남미·동남아와 유사하며, 장기적으로 빈곤과 불안정의 위험을 키운다.

한국 프리터의 정체성은 복합적이다.

학생이면서 동시에 아르바이트 노동자인 경우, 창작 활동을 하면서 프리랜서를 겸하는 경우, 구직 활동을 하면서 단기 노동을 이어가는 경우가 흔하다.
이는 유럽식 '자발적 포트폴리오'라기보다는, 생계와 목표 사이를 오가는 불안정의 반영이다.

한국형 프리터는 일본처럼 구조적 고용 위기 속에서 늘어났지만, 유럽처럼 제도적 보호를 받지 못하고, 미국처럼 자율성을 온전히 누리지도 못한다. 정규직을 향해 달려가는 사회 속에서, 그 길 위에서 잠시 멈추거나 우회하는 사람들이 바로 한국의 프리터다.

이들의 모습은 불안정 노동의 문제를 넘어, 한국 사회 전체와 가치관을 뒤덮은 거대한 덩굴이다. 그래서 때로는 달리는 것을 멈추고, 잠시 쉬어야만 비로소 보이는 것들이 있다.

　다음 장은,
　그 쉼의 의미에 관한 이야기다.

Part
03

쉬는 청년의 마음

3-1

학습된 무기력

: 시도조차 하지 않게 되는 마음의 구조

1967년, 심리학자 마틴 셀리그먼은 개를 대상으로 한 실험을 통해 '학습된 무기력'이라는 개념을 제시했다.

반복해서 회피할 수 없는 전기 자극을 받은 개는, 나중에 회피할 수 있는 상황이 주어져도 움직이지 않았다. '어차피 안 될 거야'라는 마음이 행동 자체를 멈추게 한 것이다.

이 개념은 사람에게도 똑같이 적용된다. 청년들이 취업, 시험, 인간관계, 창작에서 계속된 좌절을 겪으면 결국 비슷한 생각에 갇힌다. 수십 번의 서류 탈락, 반복되는 면접 불합격, 인턴이나 계약직 경험 끝에 정규직 전환 실패 등 이런 경험이 쌓일수록 마음은 바닥을 모른 채로 가라앉게 된다.

**가장 무서운 것은 이 무기력이,
'포기 습관'을 만든다는 점이다.**

처음에는 도전하다가 멈췄지만, 어느 순간부터는 아예 도전조차 하지 않게 된다. 쉬고 있어도 마음이 편하지 않다. "나는 지금 아무것도 안 하고 있다"라는 죄책감이 무기력을 더 키우고, 그 무기력은 다시 의지를 빼앗는다.

특히, 불가피형 프리터는 이 악순환에 취약하다. 처음에는 단순히 생계를 유지하기 위해 아르바이트를 시작했지만, 시간이 지날수록 "이게 나의 한계"라는 생각이 굳어지고, 새로운 시도 자체가 두려워진다. 이렇게 무기력은 '쉬는 시간'을 회복의 시간이 아니라 멈춤의 시간으로 바꿔버린다.

Q. 그렇다면 이 순환을 깨는 방법은 무엇일까.

정답은 '큰 성공'이 아니다. **아주 작은 행동을 반복하는 경험이 필요하다.** 하루 1시간 공부, 짧은 운동, 짧은 글쓰기.
완벽한 계획 대신 작은 실행을 우선하고, 단기 목표를 달성했을 때는 스스로에게 즉각 보상을 주는 것. 이런 작은 성취들이 차곡차곡 쌓일 때, 마음은 조금씩 "할 수 있다"라는 믿음을 회복한다.

모든 청년이 무기력에 빠져있는 것은 아니다. 하지만 "어차피 안 될 거야"라는 생각이 마음속에 뿌리내릴 때, 쉼은 더 이상 회복이 되지 못한다. 시간이 길어질수록 다시 무기력을 강화한다. 이것이 바로 학습된 무기력의 가장 깊은 그림자다.

3-2
'잠시 멈춤'의 필요성
: 달리기 위해 숨 고르기

우리는 늘 멈추면 뒤처진다고 배워왔다. 입시에서, 취업에서, 승진에서 끊임없이 달려야만 한다고 했다. 그래서 쉰다는 말은 종종 포기나 패배의 다른 이름처럼 쓰인다.

모든 멈춤이 무기력과 동일한 것은 아니다. 어떤 멈춤은 더 오래, 더 멀리 달리기 위해 반드시 필요한 '숨 고르기'다.

쉬는 시간은 치열한 경쟁 속에서 닳아버린 자존감과 자기 확신을 다시 세우는 시간이기도 하다. 여행을 떠나 일상 밖을 경험하거나, 규칙 없는 하루를 보내며 해방감을 느끼는 것. 이런 경험들은 마음을 다시 숨 쉬게 한다.

**잠시 멈춘다는 건,
시야를 넓히는 일이기도 하다.**

달리는 동안에는 길만 보이지만, 발걸음을 멈추면 길 옆 풍경이 보이고, 미처 보지 못한 갈림길도 눈에 들어온다.

지금 내가 가는 방향이 정말 나에게 맞는 길인지, 앞으로의 걸음을 어디로 옮길 것인지 차분하게 되짚을 수 있는 기회가 바로 멈춤 속에서 생긴다.

성공해야 한다는 '시간과 압박'이 우리의 창의성을 갉아먹는다. 하버드대학교의 신경과학자 로저 비티(Roger Beaty)가 이렇게 말했다.

**"창의력은 당신이 가지고 있거나,
가지고 있지 않은 것이다."**

이처럼 창의성은 휴식과 여가 없이는 작동하지 않는다. 프리터의 시간 중 일부가 단순한 공백이 아니라, 창의성과 유연성을 회복시키는 성장의 토대가 될 수 있는 이유다.

물론, 잠시 멈춤이 무기력으로 변하는 순간도 있다. 차이는 의도와 시간의 길이에 있다. 방향을 점검하며 재출발을 준비하는 멈춤은 발판이 되지만, 아무런 의도 없이 흘려보내는 멈춤은 점점 발을 떼기 어려운 늪이 된다.

중요한 건 스스로에게 쉼을 허락하는 것이다. "이 정도는 쉬어도 괜찮다"라는 자기 확신이 있어야, 쉼은 회복되고 불안은 줄어든다.

쉬는 청년이라는 이름은 두 얼굴을 가진다. 하나는 무기력에 갇힌 멈춤이고, 다른 하나는 재도약을 준비하는 멈춤이다. 어떤 얼굴을 택할지는 쉼을 대하는 태도에 달려 있다.

멈춤이 곧 실패가 아니라,
다시 달리기 위해 필요한 숨 고르기임을 기억하는 것.
그것이 쉼의 의미다.

3-3

쉬는 것에 대한 죄책감

: '멈춤'을 허락하지 않는 사회

한국 사회에서 쉰다는 것은 단순히 몸을 눕히는 행동이 아니라, 하나의 선언이다. "나는 지금 생산 활동을 하지 않고 있다"라는 이 문장이 주는 압박은 곧 개인의 죄책감으로 이어진다.

우리는 어린 시절부터 '성과가 곧 가치'라는 등식을 배워왔다. 시험 점수, 대입 합격 여부, 취업한 직장명. 삶의 거의 모든 과정이 수치와 결과로 평가되었고,

보여줄 만한 성과가 없는 시간은,
곧 자기 가치가 낮아지는 시간처럼 여겨졌다.

그러니, 멈춘다는 건 단순한 휴식이 아니라, 스스로를 낮추는 것처럼 느껴진다. 이 압박은 주변의 시선에서 더 크게 다가온다. "요즘 뭐해?"라는 질문은 호기심 섞인 대화일 수도 있지만,
듣는 이에게는 곧장 '넌 지금 뒤처져 있어'라는 메시지로 변한다. 특히, 가족이나 친척과의 자리에서 이런 질문은 쉼을 더 부정적인 경

험으로 각인시킨다.

  가장 큰 문제는 이런 시선이 외부에서만 오는 게 아니라는 점이다. 청년 스스로도 자기검열을 멈추지 못한다.

  "남들은 하루에 몇 시간을 일하고 있을까?", "이렇게 쉬다간 완전히 밀리는 건 아닐까?"처럼 머릿속에서 끊임없이 비교와 계산이 돌아가고, 실제로는 아무 일도 하지 않았지만, 심리적 피로와 불안은 계속 쌓이며 누적된다.

  대중매체는 이 압박을 더욱 강화한다. 드라마와 예능, 유튜브 속 청년의 서사는 대부분 '도전-성공-보상'이라는 직선적 구조를 따른다. 그 과정에서 쉬는 시간은 편집되거나, 실패 이야기의 일부로 처리된다. 결국, '멈춤'은 본래의 의미를 잃고, 주류에서 벗어난 사람들의 낙인처럼 소비된다.

  하지만, 쉼은 바라보는 시선을 바꾸면 이야기가 달라진다. 쉬는 시간은 낭비가 아니라 투자일 수 있다. 마음을 회복하고, 새로운 길을 탐색하며, 다시 움직일 에너지를 모으는 과정이다.

  남과 비교하는 대신 과거의 나와 비교하고, 완벽한 성과 대신 작은 성취를 쌓는 방식으로 쉼을 정의할 수도 있다.

쉬는 것에 죄책감을 느끼는 건,
개인의 나약함 때문이 아니다.

그것은 '달려야만 가치가 있다'라는 사회의 규범이 몸에 밴 반사 신경이다. 이 반사 신경을 의식적으로 풀어내는 순간, 쉼은 더 이상 죄책감이 아니라 회복과 성장의 자원이 된다.

3-4

'쉰다'의 다른 이름들
: 회피일까, 준비일까, 혹은 생존일까

'쉰다'라는 단어는 단순해 보이지만, 그 속에는 여러 겹의 얼굴이 숨어 있다. 누군가의 쉼은 재충전이지만, 또 다른 누군가의 쉼은 고립이거나 단순한 생존 전략일 수 있다.

겉으로는 같은 멈춤이지만,
맥락과 이름에 따라 전혀 다른 이야기가 된다.

어떤 쉼은 재충전의 시간이다. 여행을 떠나거나 취미에 몰입하면서 에너지를 회복하는 쉼이다. 목적이 분명하고, 멈춤 이후의 재출발이 전제된다는 점에서 긍정적인 무게가 실린다.

또 다른 쉼은 탐색이다. 당장은 멈춰 있는 것처럼 보이지만, 사실은 다음 단계를 찾기 위해 방향을 재조율하는 과정이다. 다양한 사람을 만나거나 새로운 분야를 기웃거리며, 보이지 않는 내부의 움직임이 활발하게 일어나는 시간이다.

반면, 어떤 쉼은 회피다. 반복된 실패와 불안 속에서 문제를 직면하기보다 거리를 두고 멀어지는 방식이다. 단기적으로는 마음을 안정시켜 주지만, 장기적으로는 더 깊은 고립이나 불안을 낳을 수 있다.

때로는 방황이 되기도 한다. 하루 종일 무기력하게 흘려보내는 시간, 어느 일에도 몰입하지 못하고 공허감만 남는 상태. 이 경우 쉼이라는 이름보다 정처 없는 표류에 더 가깝다.

**마지막으로,
쉼은 생존의 의미를 지니기도 한다.**

건강이 무너졌거나 정신적 번아웃에 시달릴 때, 최소한의 에너지를 유지하기 위해 멈추는 시간이다. 경제적 위기 속에서 활동을 줄이고 몸을 보호하는 쉼은, 멈춤이 아니라 스스로를 지켜내는 최소한의 전략이 된다.

같은 동작도 어떤 이름을 붙이느냐에 따라 전혀 다른 무게를 가진다. 재충전이라고 부르면 희망이 생기고, 방황이라고 부르면 불안이 커진다. 쉼의 질은 쉼 자체가 아니라 그것을 바라보는 태도와 해석에 달려 있다.

3-5

휴식이 만드는 장기적 변화

: 멈춤이 남기는 보이지 않는 결실

휴식은 그 순간에는 아무 성과도 남기지 않는 것처럼 보인다. 하지만 시간이 지나면, 쉼이 남긴 흔적이 삶의 방향과 태도에 깊숙이 스며든다. 프리터로서 보낸 시간, 혹은 의도적으로 선택한 멈춤의 시간은 단기적 불안을 감수하는 대신, 장기적으로 의외의 결실을 남긴다.

쉼은 자기 이해를 깊게 만든다. 일과 성과에서 잠시 떨어져 있으면 자연스레 스스로에게 질문을 던지게 된다.
"나는 왜 이 일을 하는가?" 이러한 물음은 자기 안의 목소리를 또렷하게 드러내고, 이후의 선택을 보다 분명하게 만든다.

멈춤은 가치관을 재정렬하는 기회이기도 하다. 쉼의 경험은 삶에서 정말 중요한 것과 그렇지 않은 것을 다시 가려내게 한다. 그 기준은 이후의 커리어와 생활 방식을 바꾸는 나침반이 된다.

또한, 휴식은 회복 탄력성을 키운다. 한번 충분히 무너졌다가도 다시 일어날 수 있는 경험은, 이후의 위기 앞에서 흔들리지 않는 자신감을 심어 준다. "나는 다시 시작할 수 있다"라는 믿음은 단순한 위로가 아니라 실제적인 힘이 된다.

쉼 속에서 흡수되는 새로운 기술과 경험도 있다. 카페 아르바이트에서 익힌 고객 응대, 여행 중 배운 외국어, 취미로 시작한 디자인 작업 같은 것들. 이 작은 조각들은 나중에 예상치 못한 순간, 자산처럼 쓰인다.

무엇보다 쉼은 삶의 속도를 조절하는 감각을 남긴다. 달리기만 하던 사람은 언제 멈춰야 할지 알지 못한다. 하지만, 멈춤을 경험한 사람은 필요할 때 속도를 늦추거나, 멈출 줄 아는 자가 자기 조절력을 갖게 된다.

**휴식은 분명하게,
흔적을 남긴다.**

그 순간에는 무의미해 보이던 시간이, 나중에 돌아보면 방향 전환의 기점이었음을 깨닫게 된다.
나 역시 잠시 멈춘 덕분에 다른 길을 선택할 수 있게 되었고, 다른 속도로 살아갈 수 있음을 뒤늦게 알게 되었다. 그것이 휴식이 우리에게 남기는 보이지 않는 결실이다.

Part
04

니트족이란?

4-1

NEET의 정의와 배경

: 일하지 않고, 배우지도 않는 청년들

'니트(NEET)'라는 단어는 'Not in Education Employment or Training'의 약자다. 말 그대로 학교에도 다니지 않고, 직장에도 다니지 않으며, 직업 훈련에도 참여하지 않는 상태를 가리킨다. **학생도 아니고, 직장인도 아니며, 심지어 준비생이라는 이름으로도 불리지 않는 청년들.** 이들을 한 단어로 묶은 신조어가 바로 니트다.

이 용어는 1999년도 영국 정부기관이 작성한 조사 보고서에서 등장한 것으로 전해진다. 당시 정부는 청년층의 사회 참여와 고용 상황을 통계적으로 파악하기 위해 새로운 범주를 만들었고, 그 결과 '교육·고용·훈련 어디에서 속하지 않는 청년'을 니트라고 불렀다. 처음에는 단순한 행정적 용어였지만, 시간이 흐르면서 사회적 의미가 덧입혀졌다.

2000년대 초반 일본은 이 개념을 적극적으로 수용했다. 프리터 중 일부가 장기 실업 상태로 이어지거나 사회적 관계에서 단절되는 현상이 두드러지면서, 언론은 니트라는 단어를 자주 사용하기 시작했다. '취업 빙하기 세대'와 맞물리며, 니트는 곧 일본 사회의 중요한 과제가 되었다.

한국에서도 2000년대 중후반부터 보고서와 기사에서 단어가 나타나기 시작했다. 다만, 한국에서는 일상적으로 니트라는 말을 쓰기보다는 '청년 비경제활동인구'라는 행정 용어를 주로 사용했다. 그래서 니트라는 말은 주로 복지 정책이나 청년 문제를 논의할 때 등장했을 뿐, 일반 대화 속에서는 좀처럼 쓰이지 않았다.

니트는 흔히 '백수'와 혼동되지만, 그 범위는 훨씬 넓다. 단순히 구직 활동을 하지 않는 경우뿐 아니라, 건강이나 심리적 문제로 사회 활동을 중단한 청년, 가족 상황 때문에 일을 하지 못하는 청년, 혹은 경제적 여유로 노동을 선택하지 않는 청년까지 모두 니트라는 이름 안에 포함된다.

**이러한 통계 용어는,
현실에서는 부정적인 낙인을 동반하기 쉽다.**

"아무것도 하지 않는 청년", "게으른 세대"라는 이미지가 덧씌워지면서, 그 안에 담긴 다양한 맥락과 이유가 가려지곤 한다. 니트라는 단어는 단순히 '일하지 않는 청년'을 가리키는 것이 아니다.

오히려 '그들이 왜 교육·고용·훈련이라는 세 갈래에서 동시에 이탈했는가?'라는 질문을 던지는 개념이다. 이 질문이야말로, 니트의 심리를 탐구할 다음 단계의 중요한 출발점이 된다.

4-2

니트족의 심리
: 멈춤 속에 숨은 방어와 두려움

니트라는 상태는 겉으로 보기엔 단순히 아무것도 하지 않는 것처럼 보인다. 그러나 그 멈춤 뒤에는 반복되는 실패의 기억, 다시 상처받을까 두려워하는 마음, 세상과 거리를 두려는 방어 본능이 함께 숨어 있다.

**니트족의 심리를 이해하는 첫걸음은,
그들의 멈춤을 '게으름'으로 단순화하지 않는 데 있다.**

많은 니트는 이미 수차례의 좌절을 경험한 사람들이다. 취업 준비에서의 탈락, 인간관계에서의 단절, 학업 성취의 실패가 반복되면서, 도전하는 것보다 멈춰 서 있는 편이 더 안전하다고 느낀다.
다시 넘어지는 것보다 아예 시작하지 않는 것이 덜 고통스럽기 때문이다. 이때 멈춤은 포기가 아니라, 자신을 지키기 위한 일종의 방패가 된다.

두려움은 완벽주의와도 연결된다. 완벽히 준비되지 않으면 시도하지 못하는 마음은, 언제나 "아직은 때가 아니다"라는 이유로 행동을 미룬다. 결국, 시작은 끝없이 뒤로 밀리고, 그사이 시간은 멈춰버린 듯 흘러간다.

여기에 삶에 대한 통제감을 잃는 경험이 더해지면, 멈춤은 더욱 깊어진다. 아무리 노력해도 상황이 변하지 않는다고 느낄 때, 사람은 점점 더 아무것도 하지 않는 쪽으로 기울게 된다. 이는 앞서 말한 '학습된 무기력'과도 맞닿아 있다.

그렇기에 집이나 개인 방, 혹은 온라인 공간은 니트에게 하나의 안전지대가 된다. 그곳에서는 타인의 평가와 비교에서 벗어나, 최소한 자기 자신으로 존재할 수 있기 때문이다.
이 안전지대는 시간이 길어질수록 더 나가기 힘든 울타리가 된다. 편안함과 두려움이 동시에 작용하는 모순된 공간이 되는 셈이다.

사회와의 연결이 약해질수록,
자기 가치에 대한 감각도 약해진다.

"나는 쓸모없는 사람일까?"라는 질문에 선뜻 답하지 못할 때, 그 불안은 다시 외부 활동을 미루는 힘으로 작용한다. 니트족의 심리는 단순히 "하고 싶지 않음"이 아니다.
오히려, "할 수 없음"과 "하지 않음" 사이, 그 회색지대에서 머무는 경우가 많다. 그러므로, 이들을 바라볼 때는 그 멈춤 속에 담긴 두려움과 방어 본능을 함께 이해하는 시선이 필요하다.

4-3

니트와 프리터의 경계

: 멈춘 사람과 움직이는 사람 사이

니트와 프리터는 종종 같은 의미로 쓰이지만, 실은 서로 다른 풍경을 담고 있다. 프리터는 정규직이 아니더라도 카페, 편의점, 계약직 같은 형태로 경제활동을 이어가는 사람들이다.

반면, 니트는 교육·고용·훈련 어디에도 속하지 않은 채, 사회적 움직임에서 완전히 벗어난 상태에 가깝다.

**이 둘 사이의 경계는,
생각보다 흐릿하다.**

프리터로 살던 사람이 구직 실패나 건강 문제로 오랜 시간 일을 쉬게 되면 니트로 분류되기도 하고, 반대로 집에만 있던 니트가 단기 아르바이트를 시작하면서 프리터로 옮겨가기도 한다.

사회적 인식에도 차이가 있다. 프리터는 "불안정하지만, 그래도 일하는 사람"으로 여겨지기도 하고, 때로는 "자유롭게 사는 존재"로 비춰지기도 한다.

하지만, 니트라는 단어에는 대체로 낙인이 붙는다. "아무것도 하지 않는 사람"이라는 이미지가, 게으름과 방치라는 낱말과 함께 따라붙는다. 이 차이는 두 집단이 겪는 심리적 무게와 사회적 압력을 더욱 다르게 만든다.

정책적 접근도 구분된다. 프리터에게는 고용 안정과 정규직 전환 같은 '더 나은 일자리'가 목표라면, 니트에게는 상담, 심리 지원, 작은 사회적 활동의 시작이 우선순위가 된다.

움직이고 있는 사람을 더 단단히 지켜주는 일과, 멈춰 있는 사람들에게 다시 첫발을 내딛게 돕는 일은 같은 문제 같지만 전혀 다른 해법을 필요로 한다.

**프리터와 니트는 같은 길 위의,
서로 다른 지점에 서 있는 사람들이다.**

누군가는 잠시 멈췄다가 다시 걷고, 누군가는 걷다가 결국 멈춰버리기도 한다. 가장 중요한 건, 그 경계가 얼마나 얇고 유동적인지 이해하는 일이다. 그래야 그들을 제대로 돕는 첫걸음을 내딛을 수 있다.

4-4
니트족을 둘러싼 사회 인식
: '아무것도 하지 않는 사람'이라는 낙인

니트라는 단어는 원래 중립적인 행정 용어였다. 교육도, 고용도, 훈련도 받지 않는 상태를 가리키는 단순한 범주.

하지만, 한국 사회에서 이 말은 그저 중립으로 머물지 못했다. 언제부터인가 니트는 '아무것도 하지 않는 사람' 혹은 '게으른 청년'이라는 무거운 꼬리표와 함께 불리게 되었다.

**니트에 대한 가장 흔한 이미지는,
'노력하지 않는 사람'이다.**

실패와 좌절, 건강 문제나 가족 사정 같은 맥락은 쉽게 지워지고, 결과만 남는다. 취업하지 않았다는 사실 하나가 '곧 성실하지 않음'으로 번역된다. 그래서 니트는 설명하기 전에 이미 변명해야 하는 위치에 놓인다.

언론과 방송은 이런 인식을 더욱 강화해 왔다. 방 안에서 하루 종일 게임만 하거나, 가족에게 얹혀 사는 모습이 전형적인 니트의 이미지처럼 소비된다. 실제로는 누군가는 치유의 시간을 보내고, 누군가는 불안과 싸우며 작은 용기를 모으고 있지만, 그런 풍경은 잘 드러나지 않는다.

미디어가 만든 단순한 캐릭터는 사람들의 상상 속에 고착되고, 그 안에서 살아가는 청년들의 목소리는 희미해진다.

가장 가까운 압박은 가족에서부터 온다. 부모의 걱정은 언제나 질문의 형태로 다가온다. "언제쯤 취직할 거니?"와 같은 걱정으로 던진 말이지만, 당사자에게는 압박으로 들린다.

가까운 이들의 기대와 실망이 반복되면, 청년은 더 움츠러들고, 더 숨어버린다. 사회의 시선은 이미 차갑지만, 집 안에서조차 숨 쉴 공간이 없을 때, 그 무게는 두 배가 된다.

**낙인은 결국,
이중의 고립을 만든다.**

밖으로 나가려는 시도를 막고, 안으로 숨어들게 만든다. 사회는 니트를 '아무것도 하지 않는 사람'으로만 보지만, 사실은 그 시선이야말로 그들의 움직임을 멈추게 만드는 또 하나의 굴레다. 그래서 중요한 질문은 단순하다.

우리가 니트를 바라보는 이 차가운 시선이,
그들의 회복을 돕고 있는가?
아니면 오히려, 더 막고 있는가?

4-5

니트로 사는 법
: 멈춰 있어도 무너지지 않기

니트라는 상태를 무조건 부정적으로 바라보면, 그 시간은 끝없는 죄책감과 자책 속에서 흘러간다. 하지만 멈춤이 길어질수록, 중요한 건 "언제 나가느냐"가 아니라, "어떻게 버티며 무너지지 않느냐"가 된다. 니트로 산다는 건 아무것도 하지 않는 삶이 아니라, 자신을 지켜내는 법을 배우는 과정일 수 있다.

가장 먼저 필요한 건, 생활의 리듬이다.

집 안에 머무는 시간이 길어지면 가장 먼저 무너지는 게 시간 감각이다. 해가 중천에 떠서야 눈을 뜨고, 새벽이 다 되어서야 겨우 눕는 생활이 반복되면, 하루는 순식간에 흐려지고 마음도 따라 무너진다.
 기상과 취침 시간을 일정하게 지키고, 식사·청소·가벼운 운동 같은 기본적인 생활 패턴을 만드는 것만으로도 하루는 뼈대를 갖춘다. 무기력은 작은 리듬을 통해 가장 먼저 이겨낼 수 있다.

다음은 외부와의 연결이다. 세상과의 문을 완전히 닫아버리면, 다시 열어젖히는 일이 훨씬 더 어려워진다. 꼭 많은 사람을 만나야 하는 건 아니다. 주기적으로 친구에게 안부를 묻거나, 온라인 커뮤니티에 글을 남기는 정도만으로도 세상과 여전히 이어져 있다는 감각을 준다. 이런 작은 연결은 언젠가 밖으로 나가려 할 때 발을 디딜 수 있는 안전한 징검다리가 된다.

관심사와 취미를 지키는 일도 중요하다. 경제활동을 하지 않는다고 해서, 스스로를 아무것도 하지 않는 존재로 만들 필요는 없다. 책을 읽거나, 글을 쓰거나, 유튜브 강좌를 보며 새로운 기술을 배우는 일. 그 모든 활동은 지금 당장 생계와 무관할지 몰라도, 장기적으로 자존감을 지켜내고, 때로는 직업적 가능성으로 이어지기도 한다.

**무엇보다도 중요한 건,
지금의 상태를 인정하는 용기다.**

니트라는 단어에는 수많은 낙인이 따라붙지만, 그 모든 시선을 떠나 "나는 지금 멈춰 있는 시기에 있다"라고 스스로에게 말할 수 있어야 한다. 이건 안주가 아니라 현실을 직시하는 태도다. 오히려 그 인정이 있어야 불안과 수치심이 줄어들고, 회복의 출발점이 마련된다.

니트로 산다는 건 완벽하게 살아내는 법이 아니다. 다만 무너지지 않기 위해 하루의 리듬을 지키고, 작은 연결을 이어가며, 자신을 부정하지 않는 것이다. 그렇게 하루를 간신히라도 지켜내다 보면, 언젠가 문을 열고 나갈 수 있는 순간은 분명 찾아온다.

Part 05

은둔형 외톨이란?

5-1

히키코모리의 기원
: 방 안에 갇힌 세대의 탄생

히키코모리(ひきこもり)라는 말은,
일본어로 '집에만 틀어박힘'을 뜻한다.

이 단어가 사회 문제의 상징으로 떠오른 것은 2000년대 초반, 정신건강의학과 의사 사이토 다마키가 언론에 이 개념을 소개하면서부터다. 사실 '히키코모리'라는 표현은 1970년대부터 일본 사회에서 은어처럼 쓰여 왔지만, 그때까지는 일상적 농담이나 관찰 수준에 머물렀다. 사이토가 이를 학문적으로 정의하고 사회 문제의 언어로 끌어올리면서, **히키코모리는 특정 개인의 습관이 아니라, 일본 청년 세대의 집단적 현상을 드러내는 말이 되었다.**

이 개념이 급격히 확산된 배경에는 1990년대 일본 사회의 구조적 충격이 놓여 있다. 버블 붕괴 이후 장기 불황은 청년층 취업난을 심화시켰고, 종신고용이라는 일본식 안정 구조는 빠르게 무너졌다.
동시에 학벌 중심의 치열한 입시 경쟁은 학교 부적응 사례를 늘렸고, 가족 구조의 변화, 결혼 연령 상승, 부모의 과보호 등은 아이들이 사회와의 충돌 대신 가정 내부로 더 깊이 숨어들도록 만들었다.
 방은 더 이상 잠시 머무는 공간이 아니라, 사회로부터 완전히 퇴각할 수 있는 최후의 피난처가 된 것이다.

 히키코모리와 니트는 종종 같은 의미로 혼용되지만, 그 결은 다르다. 니트가 교육·고용·훈련 어디에도 속하지 않는 상태, 즉 '아무것도 하지 않는 청년'을 뜻한다면, 히키코모리는 그보다 훨씬 안쪽에 있다.
 단순히 일하지 않는 것이 아니라, 사회적 관계 자체를 끊고 외출을 최소화하며 물리적으로도 고립되는 상태다. 그래서 히키코모리는 '멈춤'을 넘어 '차단'에 더 가깝다.

현재 일본 내각부 조사에 따르면 히키코모리 인구가, 전체의 약 1%, 146만 명을 넘어선다고 추산된다.

 이처럼 개인의 습관이나 성격이 아닌 사회적 병리 현상으로 자리 잡자, 일본 정부는 2009년부터 후생노동성의 주도로 히키코모리 지원 추진사업을 실시했다. 이후 전국의 도도부현(광역자치단체)과 주요 지정 도시에는 히키코모리 지역 지원센터가 설치되었다. 2022년 기준 광역지자체에 67곳, 기초지자체에 18곳이 설치되어 있다.
 가장 최근인 2024년에는 종합적인 고독·고립 대책 중점 계획을 수립했으며, 중점 계획에는 히키코모리, 청년 무업자 등 취약 청년도 지원 대상에 포함해 이들에 대한 지원 계획도 제시되었다. (한국보건사회연구원, 2024)

이처럼 일본은 이를 단순한 개인 문제가 아닌 국가적 과제로 끌어올렸다. 히키코모리는 일본 사회의 구조적 결함을 드러내는 상징이다. 경제 불황, 과도한 경쟁 교육, 가족 구조의 변화, 그리고 부족한 정신건강 지원이 결합한 결과가 바로 '방 안에 갇힌 세대'다.
　동시에, 일본이 구축한 지역 사회 기반의 대응 모델은 오늘날 한국이 마주한 '은둔형 외톨이' 문제에도 중요한 연결 지점이 된다.

5-2

한국의 은둔형 외톨이 현황
: 방 밖보다 방 안이 편한 사회

한국에서 '은둔형 외톨이'라는 단어가
본격적으로 등장한 것은 2000년대 중반이었다.

당시만 해도 이는 특수한 사례로 여겨졌지만, 시간이 흐르면서 '방 안에 머무는 청년'은 점점 더 보편적인 현실로 자리 잡았다. 특히, 2020년대에 들어서는 청년층의 고립 현상이 통계로도 확인될 만큼 뚜렷하게 늘어나고 있다.

2022년 국무조정실에서 실시한 '청년의 삶 실태조사'에 따르면, 고립·은둔을 생각하는 위기 청년 규모가 청년의 5%, 최대 약 54만 명에 달할 수도 있다는 추정이 나왔다. (한국보건사회연구원, 2022)

이들의 은둔에는 여러 원인이 얽혀 있다. 취업 실패와 생활비 압박 같은 경제적 좌절, 우울·불안 같은 심리적 문제, 학교나 직장에서의 괴롭힘 같은 관계 단절 경험이 흔히 발견된다.

여기에 디지털 문화는 이들의 고립을 더욱 강화한다. 온라인 게임, 스트리밍, SNS는 세상 밖을 나가지 않고도 일정 부분 사회적 욕구를 충족시켜 주며, 결과적으로 방 안 생활을 합리화한다.

생활 패턴은 공통적으로 제한적이다. 대부분 부모와 함께 거주하면서 경제적으로 의존하고, 하루의 반경은 집 안, 심지어 방 안에만 머무르는 경우도 많다. 쇼핑과 식사는 배달로, 오락은 온라인으로 해결되며, 낮보다 밤에 더 활발히 활동하는 '야행성 패턴'이 자주 나타난다. 외부 리듬과는 다른 시간대 속에서, 고립은 점점 깊어진다.

그럼에도 불구하고 사회의 시선은 여전히 냉담하다. 은둔형 외톨이를 흔히 '게으른 청년', '사회 부적응자'로 단순화하며, 그들의 심리적 상처와 구조적 압박을 제대로 보려 하지 않는다. 이러한 낙인은 도움을 요청하기 더 어렵게 만들고, 고립 상태를 장기화하는 악순환으로 이어진다.

코로나19 팬데믹은
이 현상을 더욱 가속화했다.

재택근무와 온라인 수업이 일상이 되면서, 사회 전체가 '밖에 나가지 않아도 되는 경험'을 공유했다. 많은 청년들에게는 이것이 일시적인 편리함이 아니라, 오히려 "방 안이 더 안전하다"라는 확신으로 굳어졌다.

한국의 은둔형 외톨이 현상은 이렇게 말할 수 있다. 이는 특정 개인의 성향 문제가 아니라, 치열한 경쟁 사회에서 탈락한 청년들이 선택할 수 있는 최후의 안전지대가 '방 안'이라는 사실을.

방 안은 단순한 공간이 아니라, 사회의 균열이 고스란히 흘러 들어온 현시대 청년의 자화상이다.

5-3

은둔과 디지털 공간

: 방 안에서 이어지는 또 다른 사회

　예전 같으면 은둔형 외톨이는 세상과의 모든 연결이 끊어진 존재로 여겨졌다. 하지만, 지금은 조금 다르다. 집 밖으로 나가지 않아도, 심지어 방 안에만 머물러도 세상과 이어지는 창이 하나 열려 있기 때문이다. 바로 디지털 공간이다. 어떤 이들에게는 숨 쉴 구멍이 되고, 또 어떤 이들에게는 방 안을 더 굳게 잠그게 만드는 자석이 된다.

　온라인 게임, 디스코드 채팅방 등 이런 공간들은 은둔하는 청년에게 작은 소속감을 준다. 배달앱과 온라인 쇼핑은 외출 없이도 생활을 유지하게 하고, 유튜브 같은 플랫폼을 통해 실시간으로 다른 사람과 대화하는 경험을 가능하게 만든다.
　겉으로 보기엔 방에 갇혀 있지만, 실제로는 '다른 방식의 사회'에 참여하고 있는 셈이다.

　디지털 세계의 가장 큰 장점은 익명성이다. 외모나 학벌, 직장 같은 조건으로 평가받지 않는다. 내가 원할 때만 등장할 수 있고, 원치 않을 땐 조용히 사라질 수도 있다.

이런 유연함은 대면 관계에서 지쳐버린 사람들에게 큰 심리적 안정감을 준다. 방 안에 머물면서도 안전한 방식으로 사회적 욕구를 충족할 수 있기 때문이다.

문제는 이 연결이 현실로 돌아가려는 힘을 약화시킨다는 것이다. 온라인에서 충분히 인정받고 관계를 맺으면, 굳이 밖으로 나갈 필요가 없어 보인다.
오히려 세상은 더 낯설고 두렵게만 느껴진다. 그렇게 온라인은 사회 복귀의 다리가 되기도 하지만, 동시에 복귀를 늦추는 굴레가 되기도 한다.

그럼에도 디지털 공간은 무조건 부정적이지만은 않다. 어떤 이는 온라인에서 자신감을 회복한 뒤 작은 오프라인 모임으로 나아간다.
원격 강의나 재택근무는 경제 활동으로 복귀하는 계기가 되기도 하고, 화상 상담과 심리 치료는 은둔자의 마음을 다시 열어주는 통로가 된다. 문제는 '얼마나 오래, 어떻게 활용하느냐'에 달려 있다.

**디지털 공간은,
은둔과 사회 사이의 회색지대다.**

누군가는 이 회색지대를 통해 조금씩 다시 세상으로 걸어 나오고, 또 누군가는 더 깊이 방 안으로 숨어든다. 방에 머물러도 세상과 연결될 수 있는 이 모순적인 현실은, 오늘날 은둔을 이야기할 때 빼놓을 수 없는 특징이다.

5-4

은둔의 장기화와 위험

: 시간이 만드는 보이지 않는 상처

 우리나라 청년 20명 중 1명은 거의 집에만 있는 '고립·은둔 청년'인 것으로 조사됐으며, '2024년 청년의 삶 실태조사' 결과에 따르면 거의 집에만 있는 고립·은둔 청년의 비율은 5.2%(임신·출산·장애 1.3% 제외)로, 2022년 조사(2.4%)보다 2배 이상 증가한 수치를 보여주고 있다. (국무조정실, 2024)

 또한, 보건복지부 관계자는, "고립·은둔 기간이 길어질수록 재고립·은둔 가능성이 급격히 높아진다는 사실을 확인했다"라고 말했다.
 고립·은둔 기간이 1년 미만으로 고립된 사람은 39.8%가 재고립을 경험했지만, 10년 이상 고립된 사람의 77.7%는 다시 고립 상태로 돌아갔다. (보건복지부, 2023)

 은둔이 길어지면 가장 먼저 무너지는 건 마음이다. 세상과 단절된 시간은 자존감을 깎아내리고, "나는 쓸모없는 사람일지도 몰라"라는 의심을 키운다. 우울과 불안은 점점 진해지고, 사람을 만나는 일은 두려움과 피로로 다가온다.

문제는 이 시간이 경력의 공백으로 남는다는 점이다. 이력서에 빈 칸이 늘어나고, 친구와의 관계는 서서히 끊어진다. 결국 남는 건 부모에게 기대는 생활뿐인데, 시간이 길어질수록 독립은 점점 더 멀어진다.

은둔은 이렇게 굴레처럼 굳어진다. 방 안에서 잠시 숨었다가 관계가 끊어지고, 자신감이 줄어들고 "다시 나가면 더 힘들 거야"라는 두려움이 생기고, 더 깊은 은둔으로 빠져든다. 마치 수렁에 발이 빠져 점점 몸 전체가 잠기는 것과 같다.

방 안은 점점 더 안전하게 느껴지고, 세상은 낯선 곳이 되어 버린다. 이 역전된 감각이 고착되기 전에, 변화의 손길이 필요하다. 개인은 작은 습관부터 회복할 수 있어야 한다. 일정한 기상 시간, 하루 10분 산책 같은 사소한 시도가 은둔의 틈을 넓힌다.

동시에 지역 사회도 역할을 해야 한다. 일본이 지역별로 '은둔형 외톨이 지원센터'를 운영하며 상담·자립 프로그램을 제공하듯, 한국 역시 공공의 안전망을 확장해 나가야 한다.

**은둔은 누군가의 나약함이 아니라,
사회 구조와 상처가 빚어낸 결과다.**

그렇기에 개인의 용기와 사회의 손길이 함께할 때, 방 안에 머무는 시간이 단절이 아니라, 다시 걸어 나올 수 있는 '다리'가 될 수 있다.

5-5
은둔에서 나오는 방법
: 작은 문을 여는 연습

당신이 방 안에 오래 머물렀다면, 세상 밖으로 나가는 길은 결코 영화처럼 드라마틱하지 않다. 어느 날 갑자기 문을 활짝 열고 뛰쳐나가는 게 아니라, 아주 작은 문부터 열어보는 연습에 가깝다. 중요한 건 완벽한 복귀가 아니라, 서서히 넓어지는 삶의 반경이다.

**무너진 시간 감각을,
회복하는 게 시작이다.**

매일 같은 시간에 일어나고, 같은 시간에 눕고, 세끼를 챙겨 먹는 것. 하루 10분이라도 몸을 움직이면, 당신의 하루에는 다시 구조가 생긴다. 이것이 사회와 시간을 다시 맞추는 첫걸음이다.

처음부터 먼 곳으로 나갈 필요는 없다. 창문을 열어 바람을 느끼거나, 집 앞 편의점에 다녀오는 것만으로도 충분하다. 오늘은 5분, 내일은 10분. 발걸음이 조금씩 늘어날수록 세상은 덜 낯설어진다.

당신이 이미 온라인에서 활동 중이라면, 그 연결을 외부로 옮겨보

자. 함께 게임하던 친구를 직접 만나거나, 취미 모임을 오프라인으로 확장하는 것. 낯선 사람과의 관계 진입 장벽을 낮추는 가장 자연스러운 방법이다.

모든 걸 혼자 감당할 필요는 없다. 당신을 도와줄 수 있는 사람들이 많다. 상담, 치료, 지역, 지원센터, 그리고 같은 경험을 한 사람들과의 모임이 있다. 누군가와 연결되는 순간, 당신은 이미 '복귀'의 속도를 높이고 있다.

일의 문턱을 낮추는 연습을 해야 한다. 처음부터 풀타임을 목표로 할 필요는 없다. 하루 몇 시간의 아르바이트, 봉사활동도 충분하다. 중요한 건 돈이 아니라, 세상과 다시 이어진 경험 그 자체다.

**다시 방 안으로
돌아가도 괜찮다.**

나왔다가 다시 들어가는 순간이 와도, 그것은 실패가 아니다. 다시 나올 수 있는 힘을 잃지 않는 한, 그 과정은 조율일 뿐이다.

은둔에서 나오는 길은 서두른다고 빨라지지 않는다. 하지만 작은 문을 하나씩 열고, 그 문이 낯설지 않은 시간이 쌓일 때, 당신의 복귀는 현실이 된다.

문을 열고 나서는 순간은,
조심스럽고도 꾸준한 발걸음이 모여 만들어진다.

Part 06

경계선 지능 청년이란?

6-1
대한민국 국민 7명 중 1명
: 평균과 장애 사이, 보이지 않는 경계선 위의 청년들

경계선 지능은 지능지수(IQ)가 70~85 사이인 경우를 뜻한다. 지적장애 기준(IQ 70 미만)에는 해당하지 않지만, 평균 지능 범위(IQ 85~115)에도 미치지 못하는 집단이다.

이들은 일상생활에는 큰 어려움이 없어 보이지만, 복잡한 문제 해결·추상적 사고·새로운 상황 적응에서 꾸준히 어려움을 겪는다.

대한민국 사람 7명 중 1명, 약 13.59%가 경계선 지능을 가지고 있다. 국민의 697만 명, 초중고생은 78만 명이 해당한다고 추정하고 있다. (교육부, 2024)

이는 학급당 인원이 30명일 경우, 학령기 아동 및 청소년 중 3~4명이 경계선 지능 범주에 속하는 높은 비율이다. 숫자로는 거대한 집단이지만, 지적장애 기준에는 닿지 않고, 평균 지능의 범위에도 못 미치는 이들은 늘 경계선 위를 걷는다. 겉으로 보기엔 별다른 차이가 없다. 함께 웃고, 대화하고, 일상을 살아가는 데 큰 무리가 없어 보인다.

하지만, 새로운 업무를 배우는 속도가 느리거나, 복잡한 절차를 이

해하는 데 어려움을 겪는 순간, 그 차이는 선명하게 드러난다. 누군가는 이를 '노력이 부족해서 그렇다'라고 말하지만, 사실은 보이지 않는 인지적 장벽 때문이다.

문제는 이들이 제도적으로도 사각지대에 놓여 있다는 점이다. 지적 장애인으로 등록되지 않기에 복지와 지원의 손길은 닿지 않는다. 그렇다고 평균 지능 집단과 동일한 조건에서 경쟁하기엔 늘 벅차다. 시험에서 반복되는 낙방, 직장에서의 빠른 이직, 관계 속에서의 위축은 이들의 삶을 더 좁혀 놓는다.

이런 이유로 경계선 지능 청년들은 종종 프리터, 니트, 은둔형 외톨이 상태로 이어지기도 한다. 그저 조금 느릴 뿐인데, 사회는 기다려주지 않는다.

**속도를 맞추지 못한 이들은,
"뒤처졌다"라는 낙인을 떠안게 된다.**

이들은 특별한 존재가 아니다. 바로 옆자리 동기일 수도, 오래 알고 지낸 친구일 수도 있다. 문제는 그들의 어려움이 눈에 잘 보이지 않고, 제도와 시선이 이를 충분히 이해하지 못한다는 것이다.

평균과 장애 사이, 그 보이지 않는 경계선 위에서 청년들은 조용히 버티고 있다.

6-2
경계선 지능 청년의 일상
: 노력하지만, 항상 한 발 느린 삶

**경계선 지능 청년들은 겉보기에,
'평범한 청년'과 다르지 않다.**

그러나 일상 속에서 그들은 자주 작은 벽에 부딪힌다. 그 벽은 시험 문제일 수도, 직장 업무 매뉴얼일 수도, 사람과의 대화 속 숨은 의미일 수도 있다.

중고교 시절, 수업 내용을 이해하는 속도가 느려 교과 내용을 따라가기 힘들다. 단순 암기나 반복 훈련에는 비교적 강하지만, 응용문제·비판적 사고가 필요한 과제에서 어려움을 겪는다.
또한, 친구들과의 대화에서 비유나 은유를 이해하지 못해 어색해지는 순간이 많다.

직장에서는 업무 매뉴얼을 읽고 바로 적용하기 어려움을 겪으며, 새로운 시스템이나 기계 사용법을 익히는 데 시간이 오래 걸린다. 같은 실수를 반복하면 '성의가 없다'라는 평가를 받기도 한다.

사회생활에서는 공공기관·은행·병원 등에서 복잡한 서류를 작성하는 데 큰 부담을 느끼며, 디지털 환경 적응이 느리다.

경계선 지능 청년들은 반복된 지적과 실패로 인해 자존감이 낮아진다. 새로운 시도에 주저하고, "나는 원래 이런 사람이야"라며 자기 한계를 규정한다. 하지만, 동시에 '나도 잘하고 싶다'라는 열망이 있어, 노력과 좌절이 동시에 쌓인다.

**경계선 지능 청년의 일상은,
'열심히 해도 한발 느린' 연속이다.**

이 느림은 능력 부족이 아니라, 정보 처리 속도와 이해 방식의 차이에서 비롯된다. 그 차이를 인정하고 보완하는 환경이 없다면, 그들의 하루는 계속 오르막길이 될 수밖에 없다.

6-3

경계선 지능과 사회적 취약성
: 작은 차이가 만드는 큰 격차

경계선 지능 청년이 처음 사회로 나설 때, 그들의 걸음은 더디다. 복잡한 매뉴얼이나 빠른 지시가 쏟아지는 직장에서는 단순한 실수도 '노력 부족'으로 오해된다.

비정규직이나 단순 노동 같은 좁은 선택지에 머무르게 되고, 이력은 불안정해진다. 금융상품 하나를 이해하지 못해 빚이나 사기에 쉽게 노출되는 경우도 드물지 않다.

이들은 심리적인 상처도 깊다. "또 틀렸어?", "왜 이렇게 느려?"라는 말은 단순한 지적이 아니라 존재 자체를 깎아내리는 경험이 된다.

그때마다 자존감은 조금씩 무너지고, 새로운 시도는 더 무섭게 느껴진다. 마음은 도전하고 싶지만, 다시 상처받을까 봐 멈추게 되는 것이다.

대인관계도 쉽지 않다. 말을 곧이곧대로 받아들여 '눈치 없다'라는 평가를 듣거나, 은유와 맥락을 이해하지 못해 대화에서 소외된다. 이 작은 오해들이 쌓이면 관계는 멀어지고, 고립은 더 깊어진다.

**무엇보다 아픈 건,
제도의 빈틈이다.**

지적장애로 분류되지 않아 지원을 받을 수도 없고, 그렇다고 평균 집단과 똑같은 속도로 경쟁하기는 벅차다. 결국 아무런 안전망 없이 '평범해 보이는 사람'으로 분류된 채, 보이지 않는 경계선 위에서 위태롭게 서 있는 것이다.

이들의 취약성은 능력 부족 때문이 아니다. 사회가 정해놓은 속도와 방식에 맞지 않는다는 이유 하나로만, 지원받을 권리조차 잃고 있기 때문이다.

작은 차이가 큰 격차로 자라나는 동안, 우리는 그 경계선 위의 청년들을 너무 오랫동안 보지 못한 것은 아닐까.

6-4
경계선 지능과 노동시장
: '선택'이 아니라, 남겨진 자리

경계선 지능을 가진 청년들은 사회에 발을 내딛는 순간부터 노동시장의 구조적 벽과 마주한다. 겉보기에 평범해 보이고, 일상 대화나 기본적인 생활에는 큰 어려움이 없어 보이지만, 정작 사회가 요구하는 속도와 기준 앞에서는 늘 뒤처지게 된다.

**그들이 머물 수 있는 자리는 대체로,
비정규직이나 단기 아르바이트 같은 불안정 노동이다.**

한국의 채용 과정은 여전히 시험과 면접, 빠른 이해력과 문제 해결 능력을 전제로 한다. 새로운 지식을 빨리 습득하고, 질문 뒤에 숨어 있는 뉘앙스를 파악하는 것이 당연한 능력처럼 요구된다.
경계선 지능 청년들은 그 '속도전'에서 늘 불리하다. 그들에게는 반복과 시간이 필요하지만, 노동시장은 기다려 주지 않는다.

결국 선택지는 단순하고 반복적인 저임금 노동으로 좁아진다. 편의점, 패스트푸드점, 물류센터, 단기 서비스직 같은 일자리다.

이런 일들은 분명 사회에 꼭 필요한 노동이지만, 문제는 그것이 대체로 비정규직이라는 점이다. 안정적으로 커리어를 쌓기 어려우니, 그들은 자연스럽게 프리터 상태에 머무르게 된다.

**사실, 경계선 지능과 프리터의 관계를,
직접적으로 다룬 논문은 아직 존재하지 않는다.**

하지만 두 집단이 겹치는 현실을 보면, 분명히 중요한 연결이 된다. "학업 적응의 어려움 → 정규직 진입의 실패 → 단기 노동으로의 유입" 이러한 경로는 이미 여러 사례에서 확인할 수 있다.

이 가설은 아직 학문적 근거가 부족하지만, 앞으로 충분히 연구될 수 있는 주제라고 본다. 경계선 지능 청년의 삶을 이해하는 데 있어, 노동시장과 연결해 보는 시선은 반드시 필요하다.

같은 길 위의 또 다른 이름

프리터와 경계선 지능 청년은 다른 언어로 불리지만, 결국 같은 길 위에서 만난다. 그 길은 안정된 노동시장에서 밀려난 이들의 길, 불안정과 반복된 좌절의 길이다.

그렇다면 이제 필요한 질문은 단순하다. "우리가 그들의 속도와 방식을 이해하지 못한 채, 같은 기준으로만 경쟁을 강요하고 있는 건 아닌가?"

프리터라는 이름이든, 경계선 지능이라는 이름이든, 가장 중요한 것은 그들이 무너져 내리지 않고 한 사회의 구성원으로서 안정적인 자리를 지킬 수 있는 길을 만들어 주는 일이다.

6-5
보이지만, 보이지 않는 존재
: 사각지대에 드리운 그림자

경계선 지능 청년들이 프리터로 전향하거나, 일부는 니트가 되거나, 더 심화될 경우 은둔형 외톨이로 이어진다는 나의 가설은 아직 학계의 정식 논문으로 증명된 바가 없다.

그러나, 이 가능성은 충분히 타당성이 높다고 본다. **왜냐하면 경계선 지능이 가진 특성이 노동시장과 사회 구조 속에서 취약성을 크게 드러내기 때문이다.**

경계선 지능 청년은 눈에 보이지만, 동시에 잘 보이지 않는다. 통계적으로는 7명 중 1명꼴로 적지 않은 수이지만, 제도상 '장애'로 분류되지 않아 복지 지원에서 제외되고, '평균'으로 묶이기에는 적응의 속도가 늦다. 그 결과, 그들은 교실에서도, 직장에서도, 일상에서조차 어딘가 어색하게 남는다.

이들의 일부는 단순·단기 노동에 머무르며 프리터로 살아갈 수밖에 없는 구조의 사각지대에 놓여 있다. 반복적이고 단순한 업무에는 적응할 수 있지만, 그 이상의 복잡한 직무에는 쉽게 좌절하기 때문이다.

또 다른 일부는 계속된 실패 끝에 아예 구직을 포기하고 니트 상태에 머물 수 있다. 시간이 흐르고 심리적 위축이 심화되면, 결국 방 안에 나오지 않는 은둔형 고립 청년으로 발전할 위험도 있다.

이처럼 경계선 지능은 '특정 집단'의 문제가 아니라, 프리터·니트·은둔형 청년 현상과 보이지 않게 맞닿아 있다. 그들의 삶은 마치 그림자처럼 사회의 사각지대에 드리워져 있으며, 보이지 않는다는 이유로 더 깊은 고립으로 밀려나기 쉽다.

따라서 이들을 이해하고 지원하는 것은 단순히 한 집단의 권익 문제가 아니라, 한국 청년 전체가 겪고 있는 불안정성과 고립 문제를 풀어내는 데 핵심적인 실마리가 될 수 있다.

**보이지 않는 존재를 보이게 할 때,
우리는 비로소 청년 사회의 외면된 목소리를 들을 수 있다.**

Part
07

보호종료아동이란?

7-1
보호종료의 의미와 현실
: 만 18세, 홀로서기의 시계가 시작되는 날

만 18세 생일은 어떤 청년에게는 새로운 시작의 상징이다.
대학 합격증을 들고 캠퍼스로 향하거나, 성인이 되었다는 자유를 누리며 친구들과 웃고 떠드는 날이 될 수도 있다. 그러나 같은 날, 또 다른 청년에게는 전혀 다른 의미로 다가온다. 그들은 '보호종료아동'이라 불린다.

보호종료아동이란, 아동양육시설·그룹형·위탁가정 등에서 국가와 지자체의 보호를 받아온 아이들이 만 18세가 되면서 제도적 보호에서 벗어나야 하는 청년을 말한다. 법적으로는 이제 성인이 되었으니, 보호 대신 스스로 삶을 책임져야 한다는 뜻이다.

문제는 준비되지 않은 독립이 얼마나 벅찬 무게로 다가오는가에 있다. 2023년 보건복지부의 '보호대상아동 현황 보고'에 따르면, 2,796명의 보호종료아동이 발생했다고 한다. 매년 약 2,000명가량의 청년이 이 과정을 겪게 된다.
아동복지법의 개정·시행으로 자립 준비를 하기 어려운 청년들은

24세까지 위탁가정 또는 시설에서 다시 보호를 받으며 자립을 준비할 수 있도록 '자립준비청년 재보호제도'를 시행했다는 반가운 소식도 있다. (보건복지부, 2024)

하지만, 보호종료는 곧바로 주거 불안과 맞닿는다. 돌아갈 가족의 집이 없는 이들은 시설을 나온 날부터 곧장 자취방을 구해야 한다. 한 달 월세를 내는 것조차 큰 부담이 될 수 있다.

동시에 경제적 압박은 더욱 크다. 생계비와 학비를 동시에 감당하기 위해 다수는 안정된 직업보다 단기 아르바이트를 선택하게 된다. 이런 불안정한 선택은 장기적으로 다시 경력의 단절과 취약성으로 이어진다.

**무엇보다 가장 큰 결핍은,
'관계망의 부재'다.**

많은 또래가 실패할 때 부모와 가족의 도움을 받는 것과 달리, 이들에게는 기댈 울타리가 거의 없다. 실수나 좌절을 겪으면 "돌아갈 곳이 없다"라는 압박이 더 크게 다가온다.

사회는 그들을 여전히 낯설게 바라보고, 언론은 몇몇 성공 사례만을 보여주며 다수의 현실을 가린다. 그래서 보호종료아동은 종종 '문제 청년'이라는 편견 속에서 이중의 시련을 감당해야 한다.

보호종료는 단순히 제도의 마침표가 아니다. 그것은 누군가에게는 생일 케이크와 함께 찾아오는 축하일 수 있지만, 또 다른 누군가에게는 생존을 위한 결단을 강요받는 날이다.

보호의 끝은 곧 '홀로서기'의 시작이며,
그 시계는 만 18세가 되는 순간 어김없이 째깍거리기 시작한다.

7-2
보호종료청년의 자립 준비
: 준비할 시간보다 준비해야 할 것이 더 많은 독립

보호종료청년의 자립은 스스로 선택한 도전이라기보다, 정해진 시간표에 따라 주어진 과제다. 만 18세가 되는 순간, 혹은 고등학교 졸업식이 끝나는 날부터 '홀로서기'가 시작된다. 문제는 준비할 시간이 짧고 준비해야 할 것은 너무 많다는 사실이다.

**무엇보다 먼저 마주하는 건,
주거의 문제다.**

집을 구하기 위해서는 보증금, 월세, 관리비가 필요하다. 그러나, 안정적인 수입원이 없는 청년에게 월세 계약은 첫 번째이자 가장 큰 벽이다.

동시에 생계를 위해 수입원을 찾아야 한다. 대학에 진학한 이들은 아르바이트와 학업을 병행해야 하고, 바로 일을 시작한 청년들은 풀타임 노동에 뛰어들어야 한다.
여기에 더해 요리, 청소, 세탁, 은행 업무, 서류 작성 같은 생활 기술,

그리고 실패와 위기를 스스로 감당할 정서적 자립까지 준비해야 한다.

현실적인 한계는 분명하다. 고등학교 졸업 직전까지 학업에 쫓겨 자립 준비에 충분히 시간을 쓰기 어렵다. 초기 정착금 외에는 별다른 자산이 없기에 시행착오의 비용을 감당하기 어렵다. 무엇보다 '사회적 연결망의 부재'는 더 큰 문제다.

부모와 친척, 선배나 멘토의 조언을 들을 기회가 적다 보니, 잘못된 선택을 하고서야 뒤늦게 배우는 경우가 많다. 그리고 그 실수는 곧바로 삶의 불안정으로 이어진다.

**이 불안정은 단순한 어려움이 아니라,
청년들의 생존 의지에도 직격탄을 남긴다.**

보건복지부(2020)가 보호종료 5년 이내 자립준비청년 3,104명을 대상으로 한 조사에 따르면, 응답자 절반(50%)이 "죽고 싶다는 생각을 한 적이 있다"라고 답했다. 가장 큰 이유로는 경제적인 어려움(33.4%)이라고 한다.

자립이란, 이름으로 떠밀린 청년들에게는 단순히 '독립'이 아니라, 삶과 죽음 사이에서 버티는 싸움이기도 한 것이다.

보호종료청년의 자립은 완벽한 준비로 이루어지지 않는다. 누구도 만 18세에 모든 것을 갖춘 채 홀로 서지 못한다. 중요한 것은 실패하지 않는 것이 아니라, 실패했을 때 다시 일어날 수 있는 '안전망과 회복 경로'를 갖추는 일이다.

　자립은 선언이 아니라 과정이다. 그 과정을 버틸 수 있는 환경을 만들어 주는 것이, 우리 사회가 보호종료청년에게 줄 수 있는 최소한의 선물이다.

7-3
집이 있어야 꿈을 꿀 수 있다
: 숫자로는 충분하지만, 삶은 숫자만으로 유지되지 않는다

서울의 원룸. 보증금 1,000만 원에 월세 60만 원이면, 생활이 가능하다고 말할 수 있다. 실제로 나 또한 이런 구조 속에서 살고 있고, 큰 불편 없이 하루하루를 버티고 있다.

2025년 보건복지부의 '자립준비청년 자립지원' 내용에 따르면, 자립정착금은 서울 2,000만 원, 대전·경기·제주·경남 1,500만 원, 부산 1,200만 원, 그 외는 1,000만 원까지 지원되고, 보호종료 후 5년간 매달 자립수당 50만 원이 나온다.

단순 계산만으로는 보증금도, 월세도, 어느 정도 생활비도 감당할 수 있는 구조다. 그런데, **이상하게도 보호종료청년들 사이에서는 여전히 '집 걱정'이 가장 큰 불안으로 남는다.**

Q. 왜 불안으로 커질까?

- **첫째, 선택의 격차 때문이다.**

나는 운 좋게 1,000만 원 보증금에 적당한 월세를 구했지만, 똑같은 지원금을 받아도 더 비싼 집에 계약하는 청년도 있다.

정보가 부족해 불리한 조건으로 부동산에 계약하거나, 급하게 방을 구하다 보니 선택의 여지가 없었던 경우도 많다. 제도가 말하는 평균과 개인이 실제로 맞닥뜨리는 현실은 이렇게 차이가 난다.

- **둘째, 변수의 무게다.**

집세를 낼 수 있다고 해서 삶이 안정되는 것은 아니다. 갑작스러운 아르바이트 해고, 예상치 못한 병원비, 관계의 단절 같은 변수가 생기면, 그 순간 생활은 곧장 벼랑 끝으로 내몰린다.

제도의 평균은 이런 변수를 고려하지 않는다. 하지만 개인의 삶은 언제나 변수가 중심에 있다.

- **셋째, 심리적 안정성이다.**

월세 60만 원을 감당할 수 있다고 해도, '밀리면 끝'이라는 압박이 그림자처럼 따라다닌다. 돌아갈 집이 없는 사람에게 주거는 단순한 공간이 아니라 생존의 기반이다. 그래서 같은 숫자라도 체감되는 무게는 훨씬 크다.

비좁은 고시원에서도 6개월간 살아봤고, 현재 원룸에서 살고 있기에 안다. **숫자로는 설명되지 않는 간극이 있다는 것을.** 자립정착금이 2,000만 원이면, 누군가는 '충분하다'라고 말할 수 있다.

하지만, 보호종료청년에게 집은 단순한 지출 항목이 아니라, 세상과 연결되는 마지막 끈이다.

그 끈이 불안정할수록,
꿈을 꿀 여유는 더 멀어진다.

7-4
프리터와 보호종료청년의 연계성
: 불안정 노동으로 이어지는 가설

보호종료청년에게 사회 진입은 선택이 아니라 시한부 과제다. 만 18세가 되는 순간, 보호 제도는 종료되고 독립의 시계가 강제로 시작된다. 주거비와 생활비, 학업과 진로까지 한꺼번에 감당해야 하는 상황에서 이들이 가장 먼저 발을 들이는 곳은 진입 문턱이 낮은 아르바이트나 단기 노동이다.

**보호종료청년에게 프리터라는
노동 형태는 회피가 아니라 생존의 첫 번째 선택이 된다.**

이 첫걸음이 반드시 안전한 경로는 아니다. 정규직 일자리를 얻기 위해서는 시간과 준비가 필요하지만, 보호종료청년은 기다릴 여유가 없다. "당장 벌어야 한다"라는 압박 속에서 선택한 프리터 노동은, 안정적 경력을 쌓기보다는 생계유지를 위한 임시 수단으로 남는다. 문제는 이 임시 상태가 쉽게 고착된다는 것이다.

사회적 자본이 부족하다는 점도 큰 제약이 된다. 실패했을 때 조언을 해 줄 부모, 재도전을 뒷받침해 줄 가족 자원이 거의 없는 만큼, 보호종료청년은 작은 실패에도 크게 흔들린다. 그 결과, 프리터에서 정규직으로 나아가는 사다리를 오르기보다, 제자리에서 맴도는 경우가 더 많다.

더 나아가 반복되는 탈락과 불안정은 자존감을 무너뜨리고, 결국 노동 자체를 포기하는 니트 상태로, 혹은 방 안에 나오지 않는 은둔으로 이어질 위험을 높인다.

**아직까지 보호종료청년과 프리터의 관계를
직접 분석한 연구는 전무하다.**

그러나 현장에서 들려오는 목소리와 통계의 흐름은 분명한 가능성을 보여준다. 보호종료청년이 사회에 발을 디디는 첫 무대가 프리터라는 사실, 그리고 그 무대에서 좌절하게 될 경우 더 깊은 고립으로 이어질 수 있다는 점은 결코 가볍게 볼 수 없는 신호다.

결국, 보호종료청년과 프리터의 연결은 단순한 가설이 아니라, 우리가 지금 마주해야 할 구조적 현실일지도 모른다.
만약 이 첫 노동 경험에서 안정적 정착을 돕는 제도가 마련된다면, 보호종료청년은 니트나 은둔으로 빠지지 않고 사회와의 끈을 이어갈 수 있을 것이다.

프리터는 끝이 아니라,
다시 시작할 수 있는 다리가 되어야 한다.

7-5

해석과 방향점

: 다리가 될 것인가, 벽이 될 것인가

보호종료청년이 사회에 첫발을 내딛는 자리는 종종 프리터 노동이다. 이 사실만 놓고 보면, 프리터는 청년들에게 위험한 벽처럼 보인다. 불안정하고, 고용의 사다리를 오르기에는 턱이 높기 때문이다.

그러나 관점을 바꾸면 프리터는 벽이 아니라 다리가 될 수도 있다. 문제는 그 다리를 어떻게 설계하느냐에 달렸다.

프리터 경험이 단순한 생존의 반복으로 머물면, 보호종료청년은 더 깊은 불안정 속으로 밀려난다. 그 경험이 훈련·경험·네트워크로 이어진다면, 정규직으로 가는 징검다리 역할을 제공할 수 있다.

예를 들어 단기 아르바이트가 직무 경험으로 인정되고, 직업 훈련이나 멘토링과 연결된다면, 프리터 노동은 단순히 '시간을 때우는 일'이 아니라 사회 진입의 디딤돌이 될 수 있다.

이 과정에서 중요한 건 개인의 의지보다 사회의 설계다.

지금까지는 청년에게 "더 노력하라"라는 말만 요구해 왔다. 하지만

'보호종료청년', '경계선 지능 청년'처럼 사회적 기반이 약한 집단에게는 더 많은 시간, 더 많은 안내자, 더 낮은 진입 문턱이 필요하다. 이것은 시혜가 아니라, 공정한 출발선 보장을 위한 사회적 책임이다.

**우리는 프리터를 청년을 가두는 벽으로 남겨둘 것인가,
아니면 다시 시작하는 다리로 바꿀 것인가.**

이 선택은 청년 개개인의 삶뿐 아니라, 우리 사회 전체의 지속 가능성을 가르는 분기점이 될 것으로 보인다.

보호종료청년이 사회 속에서 버틸 수 있는 힘을 갖게 되면, 그들은 단지 살아가는 청년이 아니라, 사회를 지탱하는 또 하나의 구성원으로서 거듭날 수 있다.

Part 08

비교와 우열

8-1
끝없는 비교의 사회
: 나의 속도가 아닌, 남의 속도로 사는 삶

**한국 사회는 유난히,
비교의 언어가 발달해 있다.**

성적표, 수능 등급, 대학 서열, 연봉 순위, 주택 평수, SNS 팔로워 수까지. 마치 모든 순간이 계량화되어야 하는 듯, 숫자와 순위는 개인의 가치를 재단하는 잣대가 된다.

비교의 시작은 너무 이르다. 초등학교 시절부터 "누가 반 1등이야?", "누가 더 빨리 읽었어?"라는 질문이 자연스럽게 오간다. 청소년기가 되면 내신과 수능 점수가 서열을 나누고, 성인이 되어도 직장 규모·연봉·결혼 시기 등 비교의 기준은 끊이지 않는다.
　어느 단계에 오르더라도, 그 위에는 또 다른 기준이 기다린다. 결국 이 사회에서 비교는 완주 없는 경주가 된다.

SNS는 이 비교의 불씨에 기름을 붓는다. 인스타그램, 유튜브, 틱톡에선 누군가의 성공·여유·행복이 실시간으로 전시된다.

대부분이 '연출된 순간'임에도 불구하고, 보는 사람은 그것을 현실보다 더 현실처럼 받아들인다. 그렇게 비교는 '남보다 부족하다'라는 상대적 박탈감을 심화시킨다.

문제는 이 비교가 단순한 감정 차원을 넘어, 청년들의 심리에 구조적인 영향을 준다는 점이다. "나는 안 돼"라는 자기 불신이 깊어지고, 불안과 조급함은 일상화된다.
타인과의 관계조차 경쟁자로 보거나, 반대로 과도하게 의존하는 왜곡이 생기기도 한다.

그럼에도 비교에서 벗어나기 어려운 이유는 분명하다. 사회적 보상 구조가 비교를 전제로 하기 때문이다. 학교 성적, 회사 실적, 사회적 성취는 언제나 순위로 평가된다.
가정과 교육 현장 역시 이 문화에 깊이 물들어 있으며, 비교를 '동기부여'라는 이름으로 정당화한다.

한국 청년들은 자신의 속도가 아닌,
남의 속도로 살아가게 된다.

그리고 그 속도는 늘 더 빠르고, 더 치열하며, 더 지치게 만든다. 우리가 묻지 않아야 할 질문을 끊임없이 던지면서, 정작 중요한 질문인 "나는 어떤 속도로, 어떤 사람으로 살아가고 싶은가?"에 대한 스스로의 성찰은 점점 사라지고 있다.

8-2
'평균'의 함정
: 평균에 맞추느라 잃어버린 자기 속도

한국 사회는 늘 '평균'을 기준으로 삼는다. 시험 점수의 평균, 소득의 평균, 결혼 연령의 평균, 심지어 하루에 몇 시간을 공부해야 하는지도 '평균'을 통해 판단한다.

표면적으로 평균은 공정하고 객관적인 기준처럼 보이지만, 사실 그것은 무수한 다른 삶들을 하나의 직선 위에 강제로 배열하는 행위다.

**평균이라는 단어는,
개인의 속도를 무시한다.**

어떤 이는 느리게 배우지만 깊이 이해하고, 또 어떤 이는 빨리 시작했다가 멀리 돌아간다. 그러나 평균은 이 모든 과정을 단순화하여, 평균보다 빠르면 '우수', 평균보다 느리면 '부족'이라 낙인찍는다.

결국 청년들은 자기 고유의 속도를 잃어버리고, 사회가 요구하는 평균 속도를 따라가려 한다.

이 과정에서 많은 이들은 자기 자신을 잃는다. 무엇을 좋아하는지,

어떤 길을 가고 싶은지는 중요하지 않다. 중요한 건 평균에서 뒤처지지 않는 것이다. 대학 입학 시기, 취업 시기, 결혼 시기 등 사회가 만들어 놓은 평균에 맞추지 못하면, 스스로 실패자라는 낙인을 찍는다.

문제는 그 평균이 결코, 멈추지 않는다는 데 있다. 평균 연봉은 해마다 오르고, 평균 주거비는 소리 없이 상승한다. 청년들에게 평균은 따라잡을 수 없는 목표가 되고, 그 과정에서 끝없는 불안과 조급함이 생긴다.

**그러므로 평균은,
언제나 허상에 가깝다.**

누군가의 삶을 단순히 숫자로 압축할 수 없듯이, 청년들의 여정도 제각각의 리듬을 가진다. 평균을 따라잡기보다, 자기만의 속도를 지켜내는 것이 더 오래, 더 단단하게 살아가는 길일지도 모른다.

8-3

낙인의 메커니즘
: 한번 찍힌 꼬리표가 평생을 따라다닐 때

낙인은 단순한 평가가 아니다. 그것은 사회가 붙여놓은 꼬리표이자, 개인이 스스로를 바라보는 눈이 된다. 한국 사회에서 청년들이 겪는 끝없는 비교와 평균의 압박은 낙인이라는 형태로 굳어져, 삶 전체를 규정한다.

낙인은 일찍부터 시작된다. 시험 성적이 낮으면 '노력하지 않은 학생', '취업이 늦으면 무능한 청년'이라는 수식어가 붙는다. 사실은 단지 속도의 차이거나 상황의 문제일 수 있는데도, 그 순간부터 청년은 사회적 꼬리표를 달게 된다.
중요한 건 이 낙인이 단순한 현재를 설명하는 것이 아니라, 앞으로의 가능성마저 제한한다는 점이다.

**낙인은 외부에서만,
존재하지 않는다.**

"넌 게으르다", "넌 부족하다"라는 말은 자기 인식 속으로 스며든다. 그렇게 스스로를 "나는 원래 못하는 사람"이라 규정하게 되고, 도전과 시도를 스스로 차단한다. 사회가 준 꼬리표가 자기 목소리가 되는 순간, 낙인은 훨씬 강력해진다.

 더 무서운 건 낙인이 하나의 영역에만 머물지 않는다는 것이다. 학업에서의 낙인은 취업 시장으로 이어지고, 취업 실패는 인간관계와 가족 내 역할까지 번진다. 한번 찍힌 꼬리표는 새로운 상황에서도 '증거'처럼 활용되며, 개인의 기회를 더 줄여버린다.

**낙인은 개인이 약해서
생기는 문제가 아니다.**

 사회의 언어와 제도가 만들어 낸 구조적 산물이다. 언론은 쉬는 청년을 '백수'라고 부르고, 제도는 평균적인 성취 속도만을 전제한다. 그래서 평균에 맞지 않는 청년들은 지원 대상에서 빠져나가고, 이중으로 낙인을 경험한다.
 청년들은 사회의 시선에 맞서 싸우기보다, 아예 시선을 피하는 길을 택하게 된다. 니트나 은둔형 외톨이로 이어지는 흐름은 이렇게 낙인의 메커니즘 속에서 설명할 수 있다.

8-4

자기검열의 사회
: 낙인의 내면화

한국 사회에서 낙인은 단순한 꼬리표가 아니다. 더 큰 문제는, 그 꼬리표가 결국 개인의 내면으로 옮겨붙어 스스로를 억압하는 힘으로 작동한다는 점이다. 우리는 이를 '자기검열'이라고 부른다.

"취업 못 하면 낙오자지", "쉰다는 건 게으름이야". 이 말들은 원래 사회와 제도가 던진 평가다.
이러한 평가가 반복적으로 주입될수록, 청년 스스로가 이 언어를 자기 마음속 목소리로 되뇌게 된다. 결국, 사회의 외부적 시선이 개인 내부의 감시자로 변하는 것이다.

**자기검열은 권력의
가장 은밀한 형태다.**

철학자인 미셸 푸코가 지적했듯, 현대 사회의 권력은 강제적 억압보다 내면화된 규율을 통해 유지된다. 누구도 직접 감시하지 않아도, 사람들은 '누군가 나를 평가할 것'이라는 두려움 속에서 스스로를 단속한다. 한국 청년들이 겪는 자기검열은 바로 이런 권력의 은밀한 작동을 보여준다.

문제는 이 자기검열이 사회적으로 '당연한 것'처럼 포장된다는 데 있다. "그건 네가 덜 노력했기 때문이야." 사회는 구조적 장벽을 개인의 의지 문제로 축소하고, 청년 스스로가 자신을 책망하도록 만든다. 이러한 낙인은 사회적 불평등을 정당화하는 장치로 활용된다.

자기검열은 단순한 개인의 불안으로 끝나지 않는다. 도전이 줄어들고, 잠재력이 사전에 꺾이며, 사회 전체가 잃는 기회가 커진다. 낙인이 심어준 자기검열이 반복되는 한, 우리는 청년의 실패를 개인의 탓으로 돌리며 구조적 손실을 방치하는 셈이다.

자기검열에서 벗어나려면 개인의 '의지'만으로는 부족하다. 사회가 만든 잣대 자체를 문제 삼아야 한다. "왜 모두가 똑같은 속도로 달려야 하는가?", "왜 성과만이 가치의 기준이 되는가?"라는 질문을 던질 때, 낙인의 내면화를 흔들 수 있다.

**사회비평은 곧 자기검열을,
사회적 구조의 문제로 돌려놓는 첫걸음이다.**

자기검열은 한국 사회의 가장 은밀한 굴레다. 청년 스스로가 자신을 검열하는 순간, 사회는 더 이상 외부의 강제력을 쓸 필요가 없다.

그렇기에 이 문제는 개인 심리의 문제가 아니라, 사회 구조와 문화의 문제다. 낙인을 풀어내는 일은 곧 자기검열을 해체하는 일이며, 이는 사회가 청년에게 돌려줘야 할 중요한 자유다.

8-5
연대의 가능성
: 혼자 감당하지 않아도 되는 사회가 되려면

우리가 걸어온 이야기는 청년의 삶에서 드러난 수많은 단면이었다. '프리터', '니트', '은둔고립', '경계선 지능', '보호종료'의 청년들. 이름은 다르지만, 그 속에는 공통의 정서가 있다.

'나 혼자 감당해야 한다'라는 압박, 그리고 그것을 견디지 못할 때 마주하는 죄책감과 낙인.

그 압박은 개인의 문제가 아니다. 경쟁과 비교가 일상이 되어버린 사회, 실패를 허용하지 않는 구조가 만들어 낸 집단적 현실이다.

**그렇다면 해결 역시 혼자가 아니라,
모두와 함께 찾아야 한다.**

연대의 시작은 "나만 그런 게 아니구나"라는 이 깨달음에서 시작된다. 이는 무너진 자존감을 붙드는 휴식처가 된다. 온라인에서의 대화, 작은 모임, 서로의 실패담을 나누는 경험이 모여, 청년을 고립된 존재가 아닌 '동료'로 다시 세운다.

연대는 위로를 넘어,
변화를 만든다.

혼자의 목소리는 쉽게 사라지지만, 연결된 목소리는 제도를 움직이고 사회를 흔든다. 청년들이 서로의 버팀목이 될 때, 사회는 더 이상 이들을 보이지 않는 존재로 취급할 수 없다.

희망은 멀리 있지 않다. 완벽한 해답이 아니라, 서로를 인정하는 작은 마음속에 있다.

**혼자였다면 불가능했을 변화도,
함께라면 다시 시작할 수 있다.**

Part 09

성과주의

9-1

성과로만 평가받는 시대

: 과정은 사라지고 결과만 남았다

오늘날 한국 사회에서 우리는 무엇을 하든 결과부터 묻는다. "어디 합격했어?", "월급은 얼마야?", "조회수는 몇이야?" 그 사람의 이야기보다 먼저, 수치와 성과가 존재를 대신한다. 성과는 빠르게 측정되고, 공유되며, 곧 그 사람의 가치와 동일시된다.

학교에서는 시험 점수가 학생의 성적표이자 인생표가 되고, 직장에서는 매출, 프로젝트 실적, KPI가 직원의 가치를 정한다.
심지어 개인의 취미조차 유튜브 구독자 수, 인스타그램 좋아요 개수로 평가받는다.

이제 성과주의는 특별한 제도가 아니라,
우리 삶 전체를 뒤덮은 공기와 같다.

청년들은 특히 더 무겁게 이 구조를 체감한다. 입시, 취업, 스펙 경쟁에서 이미 한 차례 걸러지고, 취업 후에도 승진·성과급·성과평가라는 새로운 레이스가 이어진다.

'쉬어도 괜찮다'라는 말은 들리지 않고, '성과를 내야 한다'라는 압박만 귓가에 맴돈다.

문제는 이 과정에서 '과정'이 지워진다는 점이다. 도전, 학습, 시행착오는 시간이 아깝다는 이유로 치부된다. 실패는 성장이 아니라 낙인으로 남는다. 결과로 인정받지 못한다면, 노력 자체가 무가치한 것으로 취급받는다.

그 결과, 사회는 단기 성과에만 집착한다. 장기적 비전이나 혁신은 뒷전으로 밀리고, 과도한 경쟁은 번아웃과 불안을 키운다. 더 나아가 성과를 포장하거나 조작하는 부정까지 발생한다.

성과는 필요하다. 하지만, 성과만으로는 사람도, 사회도 건강할 수 없다. 과정의 의미, 장기적 성장, 실패의 가치까지 함께 평가하는 구조가 필요하다.

**사람은 결과가 아니라,
과정에서 성장한다.**

지금 우리는 그 과정을 지워버린 사회 속에서 살고 있다.

9-2
한국 성과주의의 뿌리
: 가난에서 비교로, 생존에서 강박으로

한국 사회의 성과주의는 전쟁과 가난의 기억 속에서 태어났다. 전쟁 직후 한국은 세계 최빈국 수준이었고, "성공하지 않으면 살아남을 수 없다"라는 절박함이 사회 전체를 지배했다.

한 명의 성취는 가족 전체의 생존과 직결됐고, 그 순간부터 성과는 곧 생존이었다.

**우리 한국 경제는 '한강의 기적'이라는,
비약적인 초고속 성장을 거뒀다.**

1960~1980년대 고도성장은 한국을 세계에서 유례없는 속도로 산업화했다. 그러나 빠른 성장은 곧 과잉 경쟁을 뜻했다. 수출 목표, 공장 생산량, 대학 입시 합격률.

모든 것이 수치로 환산되어야 했고, 성과 없는 과정은 '낭비'로 치부됐다. 성과주의는 국가 발전의 엔진이자, 개인에게는 무거운 짐이 된 것이다.

입시 제도는 성과주의를 개인의 삶에 뿌리내리게 만든 강력한 장치였다. 초등학교부터 성적표가 곧 자기 가치였고, 대학 입시는 사회적 지위의 출발점이었다.

"좋은 대학 = 좋은 직장 = 성공"이라는 공식이 세대를 거쳐 반복되면서, 성과주의는 개인의 무의식에 각인됐다. 성과는 단순히 개인 문제가 아니었다. "우리 아이 대학 어디 갔어?"라는 질문 속에서, 성과는 곧 집안의 체면이자 가족의 명예였다.

집단주의 문화 속에서 개인의 성취가 곧 가족 전체의 성취로 확장되며, 성과주의는 사회적 압박이자 도덕적 의무가 됐다.

오늘날에는 SNS가 이 흐름을 더 가속한다. 팔로워 수, 좋아요 수, 조회수가 곧바로 개인의 성과로 간주된다. 과거에는 가난이 성과주의를 낳았다면, 지금은 비교가 성과주의를 강화했다.

**생존의 논리가 사회적 체면과,
온라인 경쟁으로 변형된 것이다.**

9-3

번아웃 세대
: 지치도록 달린 끝에 남은 건 공허함

번아웃이라는 단어는 보통 직장인들이 과도한 업무에 시달리다 지쳐 쓰러질 때 쓰였다. 하지만, 지금의 청년 세대에게 번아웃은 조금 다르다. 일을 오래 해서 지친 게 아니라, **달리기도 전에 이미 숨이 가빠 오는 것이다.**

자격증 시험, 어학 점수, 인턴 경력 등 준비의 목록은 끝이 없다. 그런데 그 준비가 끝날 즈음엔 이미 또 다른 무한 경쟁이 기다린다.

한 번, 두 번 탈락을 겪을 때는 다시 힘을 낼 수 있다. 하지만 열 번, 스무 번 탈락을 경험하면, 다시 지원서를 쓰는 손이 떨린다. 이때의 탈진은 단순한 피곤함을 넘어선 '나는 안 되는 사람인가?'라는 자기 의심으로 이어진다.

청년들에게는 지쳐도 멈출 수 없는 사회가 되었다. "좀 쉬어" 누군가는 쉽게 말한다. 하지만 청년은 쉼을 택할 수 없다. 잠시 멈추는 순간, 곧바로 뒤처진다.

친구들은 취업 소식을 전하고, SNS에는 합격 인증 사진이 올라온다. 잠깐의 휴식은 곧 패배처럼 느껴진다. 그래서 쉰다는 말은 곧 '포기했다'라는 말로 번역된다. 이처럼 청년은 몸이 무너져도, 마음이 고갈돼도 멈추지 못한다.

그렇게 지쳐버린 청년에게 남는 건 공허함이라는 감정뿐이다. 아침에 눈을 떠도 가슴이 무겁고, 하루 종일 움직여도 성취감은 없다. 사람을 만나도 웃음이 진심으로 나오지 않는다. 정서적 고갈, 끝없는 냉소, 그리고 무력감. 이것이 오늘날 번아웃 세대의 얼굴이다.

부모 세대가 경험한 번아웃은 평생을 일하다가 마지막에 찾아온 탈진이었다. 그러나, 지금 청년 세대의 번아웃은 출발선에서 이미 숨이 차는 경험이다.

그래서 세대 간의 말은 쉽게 어긋난다. 부모는 '조금만 더 버텨라'라고 말하지만, 청년은 이미 그 말을 들을 힘조차 없다.

청년이 이렇게 빨리 지쳐버린 이유는 무엇일까.

그건 단순한 개인의 나약함 때문이 아니다. **성과만을 요구하는 사회, 멈출 수 없는 경쟁, 실패를 용납하지 않는 문화가 청년을 탈진하게 만든다.** 이제 질문은 "청년이 왜 이렇게 나약한가?"가 아니라, "우리 사회가 왜 청년을 이렇게 빨리 지치게 만들었는가?"여야 한다.

그리고 이 질문은 자연스럽게,
성과주의 사회의 진짜 비용을 성찰하는 자리로 우리를 데려간다.

9-4

불안 산업의 확장

: 청년의 불안을 먹고 자라는 시장

불안은 원래 개인의 감정이다. 하지만, **한국 사회에서는 불안이 곧 상품이 되고, 산업이 된다.** 취업 불안은 고액 자격증 강의와 스펙 컨설팅으로, 미래 불안은 재테크와 부동산으로, 외모 불안은 다이어트와 성형 산업으로 전환된다.

불안이 사라지지 않는 이유는 단순하다. 불안이야말로 가장 잘 팔리는 원자재이기 때문이다.

"지금 준비하지 않으면 뒤처진다"라는 메시지는 교과서보다 더 오래, 더 강하게 청년들에게 각인된다. 불안을 자극하는 광고와 콘텐츠는 잠시 안도감을 주지만, 곧 새로운 불안을 낳는다. 이렇게 불안은 순환하며 확대된다.

청년들은 불안을 줄이려는 마음으로,
또 다른 상품을 소비한다.

취업 강좌, 멘탈 케어 앱, 재테크 강연, 다이어트 보조제. 그러나 이러한 소비는 불안을 근본적으로 해소하지 못한다. 오히려 '나는 여전히 부족하다'라는 자각을 강화하며, 불안은 산업의 동력이 된다.

불안이 개인의 문제로만 머무르지 않는 이유는, 그것이 결국 사회적 비용으로 돌아오기 때문이다. 불안에 지친 청년들은 번아웃에 빠지고, 과소비와 빚에 내몰리고, 장기적으로는 사회적 신뢰를 잃는다.
불안이 개인을 파괴하는 동시에, 사회 전체의 에너지를 잠식하는 것이다.

불안을 줄이는 것은 더 많은 상품을 소비하는 데 있지 않다. 중요한 건 불안을 이용하지 않아도 되는 사회 구조다. 실패해도 재도전할 수 있는 안전망, 최소한의 주거와 생활이 보장되는 제도, 성과만이 아닌 과정과 성장을 존중하는 문화가 필요하다.
사회가 이 최소한의 책임질 때, 불안은 더 이상 '팔아 먹히는 감정'이 아니라, 스스로 조절 가능한 개인의 감정으로 돌아올 수 있다.

문제는 청년들이 불안을 느낀다는 사실 자체가 아니라, 사회가 그 불안을 어떻게 상품화하고 착취하는가에 있다. 불안을 키우는 구조를 바꾸지 않는 한, 불안 산업은 계속 성장할 것이고, 청년들은 계속 피로할 것이다.

불안이 줄어드는 사회, 불안을 팔지 않아도 되는 사회.
그것이 우리가 함께 지향해야 하는 길이다.

9-5

회복의 사회

: 불안의 세대에서 회복의 세대로

우리는 지금까지 여러 얼굴의 청년을 보았다. '프리터', '쉬는 청년', '니트', '은둔형 외톨이', '경계선 지능 청년', '보호종료청년'.

이들은 각기 다른 이름을 가졌지만, 결국 같은 구조 속에서 만들어진 초상이다. 그 구조란 바로 성과주의·비교·낙인·불안으로 가득 찬 한국 사회다.

이 사회는 청년에게 쉼을 허락하지 않았다. 실패는 낙인이 되었고, 멈춤은 무가치로 규정되었다.

그리고 그 결과, 청년들은 각자의 방식으로 방을 만들었다. 누군가는 단기 노동으로 시간을 버티며, 누군가는 아예 방 안에 숨어들며, 또 누군가는 제도 밖에서 보이지 않는 존재로 살아간다. 그러나 여기서 우리는 다른 질문을 던져야 한다.

**"정말 청년만의 문제인가,
아니면 사회의 구조적 문제인가?"**

청년의 불안은 개인의 성격이나 의지 부족에서 비롯된 것이 아니다. 그것은 한국 사회가 만들어 온 압박과 구조가 응집된 결과다. 따라서 해답 역시 청년 개인의 투지가 아니라, 사회의 전환에서 찾아야 한다.

회복의 사회는,
청년에게 실패할 권리를 준다.

비교 대신 자기 속도로 존중하고, 성과가 아닌 과정에도 의미를 부여한다. 낙인을 씌우는 대신 연대의 가능성을 열어둔다. 무엇보다 청년이 혼자가 아니라는 사실을 체감할 수 있게 한다.

이 책이 바라는 것은 거창한 해법이 아니다.
그저 한 청년이 멈출 때, 그 멈춤이 죄책감이 아니라 숨 고르기가 되도록, 한 청년이 실패할 때, 그 실패가 낙인이 아니라 배움으로 남도록, 한 청년이 고립될 때, 그 고립이 단절이 아니라 회복의 시간이 되도록 하는 사회다.

우리는 불안의 세대에서 회복의 세대로 나아갈 수 있다. 그 길은 멀고 느릴지 몰라도, 이미 작은 변화들은 시작되고 있다. 이 책이 그 길 위에서 조금이나마 빛이 된다면, 그것으로 충분하다.

Part 10

정답은 없다

10-1

다양한 길이 공존하는 사회
: 한 가지 모양의 성공만이 전부는 아니다

우리는 늘 정해진 길을 따라가야 한다는 말을 들어왔다. 좋은 학교에 들어가고, 좋은 직장을 얻고, 안정적인 결혼과 가정을 꾸리는 것. 오랫동안 한국 사회는 이 경로를 '정답'처럼 제시해 왔다.

그러나 현실은 달라졌다. 더 이상 모든 사람이 그 길을 걸을 수도 없고, 걸어야 할 필요도 없다. 그럼에도 불구하고 정해진 모델에서 벗어난 사람을 '실패자'로 낙인찍는 순간, 사회는 스스로의 가능성을 줄여버린다.

오늘날의 삶은 더 이상,
하나의 형태로 설명되지 않는다.

평생 한 직장에서 일하는 사람도 있지만, 직업을 여러 번 바꾸거나 프리랜서로 일하며 자신의 길을 찾는 사람도 많다. 어떤 이는 창업을 선택하고, 또 다른 이는 전업 부모로서 삶을 꾸린다.

한 가지 길만이 '정상'이라고 말할 수 없는 시대다. 중요한 건,

**그 길이 사회적으로 인정받는 길인지가 아니라,
나에게 맞는 길인지이다.**

이와 함께 성공의 기준도 달라져야 한다. 지금까지는 연봉, 지위, 재산 같은 외적 성취가 성공의 전형이었다.

하지만, 누군가에게 성공은 정해진 시간에 퇴근해 가족과 저녁을 먹는 것일 수 있고, 또 다른 누군가에게는 자유롭게 여행하며 일할 수 있는 삶일 수도 있다.

**성공은 더 이상,
하나의 척도로 환원될 수 없는 것이다.**

'그렇다면 실패는 무엇일까?' 반드시 목표를 달성하지 못한 순간만이 실패일까? 오히려 실패는 다른 길로 이동하는 과정일 수 있고, 새로운 것을 배우는 계기가 될 수 있다.

실패를 끝으로 보지 않고 전환점으로 보는 문화가 필요하다. 그래야만 사람들은 주저하지 않고 새로운 길을 시도할 수 있다.

이 모든 것이 가능하려면, 서로 다른 선택을 '틀린 길'로 규정하지 않는 태도가 필요하다. 내가 걷는 길과 다른 길을 선택한 사람을 존중하는 것, 그리고 사회가 제도적으로 다양한 길을 인정하고 지원하는 것이다.

정답이 없는 사회는 때로 혼란스러울 수 있다. 그러나, 바로 그 혼란 속에서만 우리는 나만의 길을 설계할 자유를 얻는다. 그리고 그 자유야말로, 한 가지 길만 있는 사회가 결코 줄 수 없는 가장 큰 선물이다.

10-2

개인의 속도와 방향

: 빠름보다 맞음을 선택하는 방법

정답이 없는 사회에서 가장 어려운 일은, 외부 기준이 사라진 자리에 스스로 기준을 세워야 한다는 것이다. 이제는 속도와 방향을 모두 스스로 정해야 한다. **누구보다 빨리 달리는 것이 중요한 것이 아니라, 내가 가고 싶은 곳으로 걸음을 옮기는 것이 더 중요해진다.**

우선은 속도다. 사회의 평균 속도보다 느리게 가도 괜찮다는 허락을 자신에게 내릴 필요가 있다. 빠른 선택이 필요한 순간도 있겠지만, 시간을 충분히 들여야 하는 순간도 있다. 중요한 건 장기적으로 유지 가능한 생활 리듬을 기준으로 계획을 세우는 것이다.

다음은 방향이다. 목표를 달성했다고 해서, 그 목표가 여전히 나에게 의미 있는지는 또 다른 문제다. 때로는 방향을 바꾸는 것이 필요하다. 이를 실패로 보지 않고, 전환의 과정으로 받아들여야 한다. 방향을 바꾼 뒤에는 새로운 목표를 세우는 데 시간을 투자할 필요가 있다.

비교에서 벗어나는 것도 중요하다. 속도를 정할 때 남의 시계를 기준으로 삼지 않아야 한다. SNS나 주변 대화가 불필요한 경쟁을 자극할 때, 그것을 의도적으로 줄이는 것도 하나의 방법이다. 과거의 나와 비교하면서 나만의 진행 속도를 기록하는 것이 훨씬 건설적이다.

물론 속도와 방향이 어긋날 때도 있다. 너무 빨리 달리다 보면 목적지를 놓치기도 하고, 방향이 맞지 않다 느낄 때는 속도를 늦춰야 한다. 이때 잠시 멈추는 건 실패가 아니다. 다시 시작할 힘을 기르는 준비일 뿐이다.

**삶은 속도와 방향의,
균형 속에서 굴러간다.**

장기적인 방향을 정하고, 단기 실행 계획을 세우되, 그것을 유연하게 조정할 수 있어야 한다. 환경이 변하고 상황이 달라지는 만큼, 삶의 계획 역시 주기적으로 점검할 필요가 있다.

속도와 방향을 스스로 정하는 삶은 불안할 수 있다. 하지만, 그 불안은 남의 속도에 맞추느라 생기는 불안보다 훨씬 자유롭다. 중요한 건 얼마나 빨리 가느냐가 아니라, 내가 정말 가고 싶은 곳으로 향하느냐이다.

10-3

실패의 재정의

: 넘어짐이 아니라 전환의 순간

우리는 실패라는 단어에 유난히 예민하다. 시험에 떨어지고, 취업에 실패하고, 창업이 망하면 그것이 곧 '나라는 사람의 실패'로 남는다. 실패는 하나의 사건이 아니라, 사람의 전체 가치를 지워버리는 낙인처럼 작동한다. 그래서 청년들은 넘어지는 순간보다, '넘어졌다는 사실이 알려지는 것'을 더 두려워한다.

하지만, 실패를 바라보는 이 관점은 사회가 만든 협소한 프레임일 뿐이다. 실패는 끝이 아니라 다른 길로의 전환일 수 있다. 시험에 떨어진 경험은 새로운 분야로 눈을 돌리게 만들고, 창업 실패는 다음 도전을 더 현실적으로 설계하게 만든다. 실패를 경험한 사람만이 얻을 수 있는 배움과 내공이 분명히 있다.

문제는 우리 사회가 실패를 학습의 일부로 보지 않고, 완주하지 못한 낙오로 치부한다는 점이다. 그래서 청년들은 시도하기 전에 이미 주저하고, 시작하기 전부터 '실패하면 끝'이라는 압박 속에서 살아간다. 그러나,

인생은 직선이 아니라 곡선이다.

한 번의 실패가 전체 여정을 규정하지 않는다. 오히려 다른 길을 발견하게 만드는 전환점이 될 수 있다.

**실패를 정의한다는 건,
넘어짐을 부정하지 않는 태도다.**

"나는 쓰러졌다. 그러나 여기서 무엇을 배울 수 있는가?"라는 질문을 던질 수 있다면, 실패는 더 이상 낙인이 아니라 자산이 된다. 실패를 낙인으로 남길 것인가, 배움의 흔적으로 남길 것인가는 사회와 개인이 함께 만들어 나가는 선택이다.

중요한 건 실패를 피하는 삶이 아니라, 실패를 소화할 수 있는 사회적 문화다. 실패를 허용하지 않는 사회는 도전을 억누르고, 결국 모두를 같은 길에 몰아넣는다.
반대로 실패를 다시 정의하는 사회는 더 많은 시도와 가능성을 열어둔다. 실패는 우리를 무너뜨리는 것이 아니라, 새로운 방향으로 발걸음을 돌리게 하는 작은 신호일지도 모른다.

10-4

쉼의 권리, 삶의 균형

: 멈춘다고 해서 뒤처지는 것은 아니다

한국 사회에서 휴식은 종종 게으름으로, 멈춤은 뒤처짐으로 여겨진다.

하지만 쉼은 사치가 아니라, 살아가기 위해 반드시 필요한 호흡과도 같다. 잠시 숨 고르기를 하지 않는다면, 우리는 어느 순간 버티지 못하고 쓰러질 수밖에 없다. 그렇기에 쉼은 선택이 아니라 권리에 가깝다.

충분히 쉰 사람만이 다시 움직일 수 있다. 회복된 몸과 마음에서 창의적인 발상도 나오고, 장기적으로 꾸준히 일할 힘도 생긴다.
반대로 쉼을 무가치하게 여기는 사회는 사람들을 끝없이 몰아붙이고, 사회 전체의 활력을 스스로 깎아내린다.

쉼은 단순히 일을 멈추는 것이 아니다. 잠시 멈출 때 내가 어디로 향하고 있는지 점검할 수 있다. 잘못된 방향으로 달려가고 있다면, 그 멈춤은 방향을 고치는 기회가 된다.

쉼 없는 질주는 직선 같지만,
사실 탈선으로 이어지기 쉽다.

휴가는 '눈치'가 아니라 권리여야 한다. 퇴근 후의 자유는 '보너스'가 아니라 당연한 조건이어야 한다. 하지만, 현실은 여전히 다르다. 쉼을 요구하면 '의욕이 없다', '열정이 부족하다'라는 꼬리표가 붙는다. 이제는 사회 전체가 합의해야 한다.

쉼은 낭비가 아니라,
다시 살아가기 위한 투자라는 사실을.

우리가 필요로 하는 사회는 더 빠른 사회가 아니다. 더 오래, 더 건강하게 함께 살아갈 수 있는 사회다. 그 시작은 쉼을 존중하는 문화다. 개인의 휴식이 사회의 지속 가능성을 높인다는 사실을 인정할 때, 우리는 균형 잡힌 삶을 살 수 있다.

쉼은 멈춤이 아니다. 쉼은 다음 발걸음을 내딛기 위한 준비다. 그리고 그 쉼이 누구에게나 권리로 보장되는 사회에서만, 사람들은 다시 나아갈 힘을 얻게 된다.

10-5

인생은 트레킹이다
: 속도를 넘어, 여정의 풍경을 바라보는 법

우리는 종종 인생을 마라톤에 비유한다. 끝까지 달려야 하고, 완주를 해야 하며, 빨리 들어온 사람이 더 빛나는 무대 위에 선다고 말한다. 그러나 현실은 그와 다르다. 목표 지점은 누구에게도 정해져 있지 않고, 속도 또한 제각각이다.

**어쩌면 인생은 마라톤이 아니라,
트레킹에 더 가깝다.**

트레킹은 산 정상에 오르는 '정복'이 목표가 아니다. 길을 따라 천천히 걸으며, 그 과정에서 자연을 보고, 사람을 만나고, 자기만의 호흡으로 길을 이어가는 여정이다.

때로는 멈추어 경치를 바라보고, 때로는 속도를 늦춰 대화를 나누는 것도 트레킹의 중요한 일부다. 이처럼 트레킹은 '어디까지 빨리 가느냐'가 아니라 '어떻게 걷느냐'를 묻는 여행이다.

인생 역시 꼭 정상에 올라야 하는 경쟁이 아니다. 누구는 빠르게 걷고, 누구는 느리게 걷는다. 어떤 이는 잠시 길에 벗어나 다른 풍경을 보고, 또 어떤 이는 자리에 앉아 숨을 고른다.

멈춘다고 해서 실패가 아니고, 늦는다고 해서 의미가 줄어드는 것도 아니다. 오히려 쉬어 간 덕분에 더 오래, 더 멀리 걸을 수 있는 힘을 얻는 것이 인생의 모습과 닮아 있다.

마라톤 사회에서는 늘 '앞서야 한다'라는 압박이 크다. 하지만 트레킹 사회에서는 '나의 속도'가 기준이 된다.

남과 비교하는 대신,
내 걸음걸이에 집중할 수 있다.

길 위에서 마주친 풍경과의 관계가 곧 여정의 보상이 된다. 완주가 아니라 '지속'이 더 중요해진다. 인생을 트레킹처럼 바라보면, 잠시 쉬어도 불안하지 않고, 길을 바꾸어도 두렵지 않다.
 중요한 것은 빨리 가는 것이 아니라, 나다운 속도로 내가 원하는 풍경을 바라보며 걷는 것이다. 그 과정이야말로 잃어버렸던 나를 다시 마주할 수 있는 가장 큰 선물이다.

Part 11

삶의 속도

11-1

빨라야 한다는 강박
: 아직 준비되지 않았는데 출발선으로 떠밀린다

한국 사회에서 청년들에게 가장 자주 들리는 말은 아마 '빨리'일 것이다. 빨리 졸업하고, 빨리 취업하고, 빨리 자리 잡으라는 말. 마치 출발선에서 호루라기가 울리기도 전에 등을 떠밀려 뛰어야 하는 기분이다.

이 강박의 뿌리는 한국 사회가 성장해 온 방식과 맞닿아 있다. 산업화 시절, 속도는 곧 생존과 경쟁력이었다. 빨라야 이길 수 있었고, 빨라야 살아남을 수 있었다.

그 습관은 지금도 생활 속 곳곳에서 작동한다. 빠른 배송, 빠른 처리, 빠른 성과 등. 느린 것은 게으름이고, 빠른 것은 곧 능력이라는 등식이 자연스럽게 자리 잡았다.

문제는 이 속도가 지금 청년들에게 압박으로 다가온다는 것이다. 졸업과 동시에 취업하지 않으면 낙오자처럼 보이고, 결혼과 주거에도 '적정 나이'라는 보이지 않는 선이 존재한다.

**SNS 속 또래들의 소식은,
압박을 더 크게 만든다.**

남들보다 조금 더 늦어도 뒤처진 듯한 기분이 따라붙는다. 그래서 준비가 덜 되었는데도 선택을 서두르게 된다.

취업 준비가 충분치 않아도 채용 시즌이니까 원서를 내고, 결혼에 확신이 없어도 나이를 이유로 서둘러 결정한다. 그리고 그 결과는 종종 시행착오와 후회로 이어진다.

이처럼 속도는 경쟁과 결합할 때 더욱 강력한 압박이 된다. 빠른 사람이 곧 성공한 사람처럼 보이고, 늦게 출발하면 기회조차 줄어든다고 믿게 되는 것이다.

청년들은 "내가 어디로 가고 싶은가?"보다 "얼마나 빨리 가야 하는가?"를 먼저 고민하게 된다. 그러나 삶은 단거리 달리기가 아니다. 어떤 길은 천천히 가야만 보이는 풍경이 있고, 어떤 목표는 늦게 도달해도 충분히 의미가 있다.

**중요한 건 빨리 가는 것이 아니라,
나에게 맞는 방향으로 가는 것이다.**

속도 강박은 한국 사회가 만들어 낸 집단적 습관이다. 그 습관에 지배당하면, 방향을 잃은 채 더 빨리 지칠 뿐이다. 때로는 잠시 멈추는 것이야말로, 다시 길을 제대로 찾는 가장 빠른 방법일 수 있다.

이 멈춤의 의미를 이해할 때,
우리는 세대마다 다른 '시계'를 인정할 수 있게 된다.

11-2
세상에 당연한 건 없다
: 시대가 만든 다른 출발선

우리는 종종 부모 세대와 나의 삶을 같은 기준으로 비교한다. "너 나이 때는 다 취직했어." 이런 말 속에는 하나의 전제가 깔려 있다. 과거에는 가능했던 일이 지금도 가능해야 한다는 믿음이다.

그러나 사회는 늘 변하고, 시대마다 조건이 달라진다. 세대의 삶을 하나의 잣대로 재단할 수 없는 이유가 여기에 있다.

부모 세대는 산업화와 고도성장의 혜택을 누린 세대였다. 노력만 하면 월급으로 집을 살 수 있었고, 장시간 일하면 곧 승진과 보상이 뒤따랐다.

지금의 청년 세대는 정반대의 현실에 놓여 있다. 고용 시장은 포화 상태이고, 주거비용은 천정부지로 치솟았다. 똑같이 노력해도 같은 결과를 얻을 수 없는 구조다.

**세대마다,
출발선 자체가 다르다.**

'당연하다'라는 말은 엄연히 청년들에게 부담과 압박, 죄책감으로 다가온다. 오늘의 청년들에게는 '취업', '결혼', '주거' 등과 같은 것들이 더 이상 당연하지 않다.

서로 다른 시계를 인정한다는 것에서 출발해야 한다. 중요한 것은 어느 세대가 옳은가를 따지는 게 아니다. 부모 세대가 살아온 속도와 방식이 있었듯이, 청년 세대가 살아가는 속도와 방식이 있다.
문제는 그 차이를 인정하지 못하고, '우리 때는 이랬다'라는 말로 모든 것을 설명하려 할 때 생긴다. 세대 간 대화의 시작은 '당연한 건 없다'라는 인식해서 시작된다.

청년들에게 필요한 건, 과거의 '정답'을 따라가는 것이 아니라 자신만의 기준을 세우는 일이다. 남이 만든 속도나 사회가 정한 경로 대신, 내 삶의 맥락에 맞는 선택을 찾는 것. 그것이 늦어도 괜찮고, 다르더라도 의미가 있다.

당연한 길은 없지만,
그렇기에 오히려 더 많은 길이 가능하다.

11-3

부모의 기대, 자녀의 현실

: 같은 집에서 다른 세상을 살아가는 두 세대

부모 세대가 자녀에게 건네는 가장 흔한 말은 "너만 열심히 하면 된다"일 것이다. 그 말에는 따뜻한 응원도 담겨 있지만, 동시에 시대의 차이를 무시한 '압박'이 숨어 있다.

부모가 청년이던 시절에는 성실히 노력하면 비교적 안정적으로 직장을 얻을 수 있었고, 작은 집이라도 마련할 수 있었다.

**지금의 청년들에게는,
그 공식이 더 이상 통하지 않는다.**

부모는 여전히 '좋은 대학 → 좋은 직장 → 안정된 생활'이라는 경로를 정상으로 생각한다. 반면 자녀 세대는 치열한 경쟁 속에서 정규직 문은 좁고, 집값은 감당할 수 없으며, 미래는 불확실하다.

같은 집에서 살아도, 부모는 과거의 눈으로 기대를 말하고, 자녀는 현재의 현실을 호소한다. 이 간극은 오해와 갈등을 낳는다.

청년들은 부모의 기대를 거절하기 어렵다. "너는 왜 안 되니?"라는 직접적인 말보다, "다른 집 애들은 잘하던데"라는 무심한 비교가 더 큰 상처를 남긴다. 부모의 기대는 자녀에게 죄책감으로 내면화된다. 마치 자신이 부족해서 시대의 벽에 막힌 것처럼 느끼게 된다.

부모는 '노력하면 된다'라는 경험의 기준을 가지고 있고, 자녀는 '노력만으로는 되지 않는다'라는 현실의 기준을 가지고 있다. 두 기준이 충돌할 때, 대화는 설득이 아니라 싸움이 된다. 결국 자녀는 침묵하거나, 부모 앞에서 애써 현실을 숨긴다.

Q. 그렇다면 이 대화를 회복하려면 어떻게 해야 할까?

이 간극을 좁히는 길은 한쪽이 다른 쪽을 따라가라는 요구가 아니다. 부모는 자녀의 현실을 구체적으로 들으려는 태도가 필요하고, 자녀는 부모의 기대에 담긴 걱정과 애정을 이해할 필요가 있다.
"왜 안 되니?" 대신 **"지금 어떤 점이 힘들어?"** 라는 질문으로, 그리고 **"괜찮아"** 라는 짧은 지지로 시작할 수 있다.

부모의 기대와 자녀의 현실은 충돌할 수밖에 없는 두 세계다. 그 간극을 이해하려는 순간, 같은 집 안에서도 서로 다른 세상이 아니라, 연결된 세상으로 다시 만날 수 있다.

11-4

세대 간 대화의 복원

: 청년의 마음을 이해하는 부모의 질문법

부모와 자녀가 같은 공간에서 살지만, 서로의 말을 전혀 다르게 듣는 경우가 많다. 부모는 걱정과 응원을 담아 말했는데, 자녀는 비난과 불신으로 받아들인다.

이 작은 차이가 쌓이면, 대화는 점점 줄어들고, 결국 "아무 말도 하지 않는 관계"로 굳어지기 쉽다.

부모가 자녀에게 자주 꺼내는 말 중 하나는 "안정된 직장이 최고다"이다. 이 말의 바탕에는 불확실한 시대를 살아온 경험, 자녀가 안전하길 바라는 마음이 있다.

청년은 이 말을 "너는 아직 충분하지 않아"라는 메시지로 듣는다. 부모의 맥락과 자녀의 해석이 처음부터 어긋나는 것이다.

질문을 바꾸면 대화가 열린다.

"언제 취직할 거니?"라는 질문은 자녀를 압박한다. 대신 "지금 준비하면서 가장 힘든 게 뭐야?"라고 묻는다면, 대화의 문이 열린다. 질문 하나가 '통제'에서 '공감'으로 바뀌는 순간, 자녀는 방어 대신 마음을 꺼낼 수 있다.

부모는 경험이 많기에 답을 주고 싶어 한다. 하지만 청년이 원하는 건 정답이 아니라 '이해받는 느낌'이다. "그럴 수도 있겠다", "네가 그렇게 느낄 만해"라는 한마디가 조언보다 더 큰 힘이 된다.

부모 세대의 성공 경로는 빠르게 취업하고, 오래 일하고, 집을 사는 것이었다. 오늘날 청년은 같은 길을 갈 수 없다. 이 차이를 인정하는 순간, 서로를 설득하려는 긴장감은 줄어들고, 다름 속에서도 존중이 가능해진다.

**잘못된 대화는 오해가 될 수 있지만,
서로 존중하는 대화는 회복할 수 있는 통로가 되기도 한다.**

대화의 목적은 자녀를 바꾸는 것이 아니다. 자녀가 어떤 선택을 하든, 부모가 여전히 곁에 있다는 확신을 주는 것이다. 이 믿음이 자녀에게는 다시 도전할 힘이 되고, 부모에게는 관계의 안심이 된다.

부모 교육적인 대화법은 정답을 주는 것이 아니라, 질문을 바꾸고, 맥락을 이해하고, 다름을 존중하는 것에서 시작된다. 그 작은 전환이 "대화의 단절"을 "관계의 복원"으로 이끄는 열쇠가 된다.

11-5

서로 다른 시계를 맞추는 법

: 세대 차이가 아닌, 세대 간 합주로 나아가기

부모 세대와 청년 세대는 서로 다른 시계를 차고 살아간다. 하나는 산업화의 기억 속에서 '빨리빨리' 움직여야 살아남았던 시계, 다른 하나는 잠시 멈추며 스스로의 길을 찾으려는 시계다.

이 두 시계는 종종 서로를 이해하지 못한다. 부모는 "왜 이렇게 느리냐"라고 묻고, 청년은 "왜 그렇게 서두르냐"라고 답한다. 조심만 멀리서 바라보면, 그것은 갈등이 아니라, 합주의 문제다.
같은 곡을 연주하더라도 악기마다 박자가 다르고, 리듬이 다르듯, 삶도 서로 다른 속도가 함께 어울릴 때 비로소 깊은 울림을 낸다.

청년은 부모의 경험에서 여전히 배울 수 있다. 버텨내고, 책임지고, 한 길을 걸어온 인내의 지혜를. 반대로 부모는 청년의 느림과 다름 속에서 새로운 것을 배운다.

다양한 길을 허락하는 시선, 한 템포 늦출 때 비로소 보이는 풍경들. 중요한 건 누가 옳고, 누가 틀린지가 아니다. 누가 더 빨리 달리는

지도 아니다. 서로의 시계를 존중하며 맞추어 가는 마음, 그것이 우리가 같은 세상에서 살아가는 방법이다.

인생은 결국 각자 다른 시계를 차고 걷는 여정이다. 똑같은 시간을 살지 않아도 괜찮다. 다른 속도로 걸어도, 같은 방향을 바라본다면 우리는 함께 도착할 수 있다.

**세대 차이는 멀어지는 거리가 아니라,
서로의 시간을 이해하며 만들어가는 합주일지도 모른다.**

Part 12

타인은 지옥이다

12-1
타인의 시선에 갇힌 방
: 서로의 시선에 갇힌 청년들

프랑스 철학자 장 폴 사르트르는,
연극 〈닫힌 방〉 속에서 잊히지 않는 한 문장을 남겼다.

"타인은 지옥이다."

이 문장은 처음 들으면 다소 차갑게 다가온다. 마치 인간관계를 부정하는 선언처럼 들린다. 하지만 조금만 더 들여다보면, 이는 타인을 향한 불신이 아니라, 우리 자신을 향한 질문이다.

연극 속에서 세 명의 인물이 이유도 모른 채 방 안에 함께 갇힌다. 그들은 끊임없이 상대의 과거를 들추고 약점을 공격한다. 문은 닫혀 있고, 탈출할 수 없으며, 타인의 시선을 피할 방법도 없다. 결국 그들은 서로 존재 자체가 지옥임을 깨닫는다.

사르트르의 〈닫힌 방〉은 오늘날에도 존재한다. 예시로 A라는 청년은 인스타그램에서 친구들이 해외여행과 멋진 일상을 올리는 것을 보며 '나만 뒤처졌다'라는 감정을 느낀다. 화면을 끄고 싶지만, 비교는 이미 마음속에서 시작됐다.

신입 사원 B는 성과를 내지 못한다는 상사의 시선에 눌린다. 출근하는 순간부터 타인의 평가 속에서만 자신을 바라보게 되고, 퇴근 후에도 시선이 머릿속을 따라다닌다.

취업 준비 중인 청년 C는 명절 때마다 "취업은 언제 하니?"라는 친척들의 말에 움츠러든다. 말은 단순한 질문이지만, 듣는 이에게는 지옥 같은 낙인으로 다가온다.

**사르트르가 말한 '지옥'은 인간관계 자체가 아니라,
타인의 시선에 갇힌 상태를 뜻한다.**

인간은 타인의 평가를 통해 자신을 확인하지만, 그 평가가 낙인과 압박으로 변하면 주체성을 잃는다. 즉, 내가 사는 삶이 아니라, 타인이 기대하는 삶을 연기하게 되는 것이다.

사르트르는 인간관계를 단절하라는 것이 아니라, 시선의 주도권을 되찾으라고 말한다. 타인의 시선을 없앨 수는 없지만, 그 시선을 어떻게 해석할지는 내 선택이다.

지옥 같은 방을 벗어나는 방법은, 타인의 눈빛이 아니라 나의 눈빛으로 나를 바라보는 일이다.

12-2

나는 누구인가

: 타인의 거울을 벗어나, 나의 본모습을 되찾기

우리는 평생 타인의 거울 속에서 자신을 확인하며 살아간다. "넌 착하다", "넌 성실하다" 등 이런 말들은 때로는 격려가 되고, 때로는 족쇄가 된다.

누군가가 내게 붙여준 이름과 평가가 쌓일수록, 그것이 진짜 나인 것처럼 믿게 된다. 하지만 곱씹어 보면, 그것은 어디까지나 타인의 시선이 빚어낸 그림자일 뿐이다.

Q. 그렇다면 진짜 나는 누구일까?

"나는 누구인가?" 라는 질문은 너무 단순해서 오히려 두렵다. 학벌을 떼어내고, 직장을 빼고, 가족관계와 재산을 걷어내면 무엇이 남을까? 남는 것이 없는 것 같은 공허감 때문에, 우리는 자기 자신을 묻는 일을 종종 회피한다.

타인이 정해주는 잣대는 불편하면서도 동시에 안전하다. 그 기준을 놓아버리면, 불안이 밀려오기 때문이다.

**나를 찾아가는 길은 외부가 아닌,
내 안에서 시작된다.**

 나를 규정하는 건 스펙이나 직위가 아니라, 내가 어떤 순간에 기쁨을 느끼는가이다. 무엇을 할 때 시간이 빨리 흐르는지, 어떤 관계가 나를 따뜻하게 하는지, 어떤 활동이 나를 살아있게 하는지.
 이 작은 단서들이 모여, 내가 누구인지에 대한 윤곽이 그려진다. 그리고 그 윤곽은 남이 대신 정해줄 수 없는, 오직 나만의 얼굴이다.

**물론 이 얼굴은 완전하지 않다.
때로는 흔들리고, 때로는 모순된다.**

 하지만, 자기 자신을 되찾는 과정은 완벽한 답을 얻는 일이 아니다. 흔들리는 와중에도 질문을 멈추지 않는 것, 그것이 자아를 지키는 방법이다.
 사르트르가 말한 "타인은 지옥이다"라는 말은 결국 타인의 시선에만 갇히지 말라는 경고일지도 모른다.

 타인의 기대를 연기하는 존재가 아니라,
 나만의 길 위에서 발견되는 존재만이 나를 지킬 수 있다.

12-3

나는 있는 그대로의 나다

: 스스로를 부정하지 않는 용기

우리는 늘 "괜찮다"라는 말을 주고받는다. 하지만, 그 말은 이상하게도 마음을 편하게 해 주지 못한다.

괜찮다는 말은 마치 내가 무언가를 잘 버텨내고, 잘 해내고 있어야 한다는 강요처럼 느껴진다. 그래서 이제 나는 이렇게 다르게 말하고 싶다.

"나는 있는 그대로의 나다."

이 문장은 증명하지 않아도 되는 안도감을 준다. 잘하지 못해도, 잠시 멈춰 있어도, 불안과 흔들림이 내 안에 있어도, 나는 여전히 나다. 지금 내 모습이 불완전하다고 해서 존재가 무가치해지는 것은 아니다.

살다 보면 우리는 끊임없이 비교당한다. 누구는 더 빨리 나아가고, 누구는 더 많이 이뤘다. 그 속에서 나는 자꾸 초라해지고, 스스로를 깎아내리곤 한다.

하지만 나의 속도와 방향은 타인의 기준이 아니라 나의 삶에 맞춰야 한다. 느려도 괜찮고, 돌아가도 괜찮다. 중요한 건 나답게 걷고 있다는 사실이다.

스스로를 있는 그대로 받아들이는 건 쉽지 않다. 자꾸만 부족한 면이 먼저 보이고, 해야 할 것만 눈에 들어오기 때문이다.
그러나 그 순간에도 "나는 지금 이렇게 살아가고 있다"라고 말하는 작은 용기가 필요하다. 그 용기는 나를 무너지지 않게 붙잡아 준다.

**우리는 '있는 그대로의 나'를 사랑하기 위해,
자신을 보듬고, 안아줘야 한다.**

12-4
불완전한 아름다움으로부터
: 흠결 속에서 피어나는 위로

완벽한 꽃은 오래 피지 않는다. 꽃잎 한쪽이 찢기고, 빗물에 젖어 무너진 자리에서 오히려 더 진한 향이 난다. 우리의 삶도 그렇다. 흠 없는 삶보다 흠집이 많은 삶에서 더 많은 이야기가 흘러나온다.

우리의 불완전함은 결코, 결핍이 아니다.

그건 내가 지금껏 살아온 시간의 흔적이고, 넘어졌다가도 다시 일어나려 했던 용기의 자취다. 삶의 흠집은 나약함의 증거가 아니라, 꺾이지 않고 버텨온 흔적이다.

불완전하기 때문에 우리는 서로를 더 잘 이해할 수 있다. 실수한 경험이 있는 사람은 남의 실수에도 관대해지고, 상처를 겪은 사람은 다른 이의 아픔을 더 깊이 공감할 수 있다.
완벽한 사람 앞에서는 쉽게 마음을 열 수 없지만, 불완전한 사람 앞에서는 안심하고 고개를 끄덕이게 된다.

우리가 서로 닿을 수 있는 지점은,
'완벽함'이 아니라, '불완전함' 속에 있다.

불완전함은 우리를 자유롭게 만든다. 모든 걸 다 잘해야 한다는 강박을 내려놓는 순간, 조금 늦어도 괜찮고, 조금 틀려도 괜찮다고 스스로를 다독일 수 있다.
그때 우리는 삶의 속도를 조절할 여유를 얻게 된다. 길 위에서 잠시 멈춰 숨을 고르고, 옆의 풍경을 바라볼 수 있게 된다.

우리는 완벽하지 않아서 더 아름답다.

불완전하기에 우리는 서로 기대고, 서로에게 위로가 될 수 있다. 흠집 난 자리에서 피어난 연약한 꽃잎처럼, 우리의 불완전함 속에서 오히려 가장 인간적인 빛이 흘러나온다.

12-5
나는 당신이 애쓰지 않았으면 좋겠다
: 당신에게 보내는 편지

우리는 늘 누군가에게 "조금만 더 힘내"라는 말을 쉽게 건넨다. 하지만 때때로 그 말은 위로가 아니라, 더 무거운 짐처럼 느껴질 때가 있다. 이미 충분히 애쓰고 있는 사람에게, 더 애쓰라고 말하는 건 잔인한 일일지도 모른다.

"애쓰지 말자."

지금의 당신은 있는 그대로 충분하다. 굳이 더 버티지 않아도, 억지로 웃지 않아도, 삶의 무게를 온전히 감당하지 않아도 된다. 우리는 슬퍼할 자격이 있고, 힘들어할 권리가 있다. 그러니 고통조차도 억지로 끌어안고 살아가지 않았으면 한다.

슬픔이 찾아올 때는, 잠시 내려놓아도 좋다.
애써 이겨내지 않아도, 그저 흘려보내는 것으로도 충분하다.

어쩌면, 우리는 "버텨야 한다"라는 사회의 관습에 너무 길들어져 있는지도 모른다. 사람의 마음은 기계가 아니고, 고통은 숙제가 아니다. 부디 당신이 억지로 애쓰지 않고도 숨 쉴 수 있기를, 그 고통을 슬퍼하지 않아도 괜찮은 날이 오기를 바란다.

우리가 살아간다는 건 더 버티는 법을 배우는 게 아니라,
덜 애쓰는 법을 배우는 일이 아닐까.

나는 당신이 애쓰지 않았으면 좋겠다. 부디, 슬퍼할 고통도 없었으면 좋겠다. 이 책을 읽는 동안 잠시나마 쉼이 되었으면 좋겠다.
우리는 사회적 관계로서 살아가기 때문에, 타인을 완전히 지워낼 수 없지만, 자신만의 안전한 집을 지었으면 좋겠다. 자기 사랑이란 결국 나 자신에게 그 집을 지어주는 일이니까.

**우리가 만들어야 할 집은,
나를 지켜주는 자기 사랑이다.**

집이 단단할수록 외부의 시선이 아무리 거칠어도 흔들리지 않는다. 우리가 비록 불완전한 존재이지만, 당신의 마음은 완고했으면 좋겠다. 이 책이 당신의 깊은 마음에 닿아 따뜻한 위로가 되었으면 좋겠다.

그리하여,
당신이 활짝 웃었으면 좋겠다.

Part
13

이미 골든타임을 놓쳤지만

13-1

잃어버린 시간의 대가
: 놓쳐버린 골든타임이 남긴 상흔

    우리는 이미 알고 있다. 청년들이 점점 더 방 안에 오래 머물고, 사회와의 연결이 끊어져 간다는 것을. 니트, 프리터, 은둔형 외톨이 등 이름은 달라도 본질은 같다.
    한 세대가 서서히 벽을 쌓고 있다는 신호는 분명히 있었는데, 우리는 대수롭지 않게 넘겼다. "개인의 선택일 뿐이야"라며 외면했다.

    하지만, 멈추지 않았다. 6개월, 1년, 3년이 넘는 시간이 쌓이는 동안, 그들의 고립은 단순한 휴식이 아니라 삶의 구조적 단절로 굳어졌다. 처음에는 잠시 숨 고르기였던 방 안의 시간이, 점차 세상과의 거리를 영영 좁히기 힘든 벽으로 변해갔다.
    그리고 그 벽이 완전히 굳어졌을 때, 청년 개인만 고립된 것이 아니라 사회 전체가 잃어버린 시간을 떠안게 되었다.

    골든타임을 놓쳤다는 건 단순히 조금 늦어졌다는 뜻이 아니다. 그때 잡을 수 있었던 기회는 사라지고, 다시 꺼내려면 몇 배의 시간과 노력이 필요하다. **잃어버린 시간은 청년에게 단순한 숫자가 아니라,**

삶의 리듬과 자신감을 빼앗아 간 공백이다.

그 공백은 다시 나아갈 용기를 더디게 만들고, 사회 복귀를 위해 더 많은 자원과 시간을 필요로 만든다.

우리는 그동안, 왜 침묵했을까.

더 안타까운 건 이 모든 사실을 알고도 모른 척했다는 것이다. 보고도 보지 않았고, 들어도 듣지 않았다.

해외의 사례와 통계에서 이미 오래전부터 위험을 경고했지만, 우리 사회는 '특수한 사례일 뿐'이라며 넘겼다. 그 침묵이 쌓이고 쌓여, 지금은 수십만 명의 청년이 방 안에서 잃어버린 시간을 홀로 감당하고 있다.

가장 큰 위험은 지금의 청년들이 중년으로 넘어가고 있다는 것이다. 현재 은둔형 외톨이, 니트, 프리터로 살아가는 청년들이 서서히 중년 세대로 넘어가고 있다.

20대의 방 안 생활은 아직 '일시적 휴식'으로 보일 수 있지만, 30대, 40대가 되면 이야기가 달라진다. 한번 단절된 삶의 궤적은 시간이 지날수록 복구가 더 어려워지고, 사회와의 거리는 기하급수적으로 벌어지게 된다. 다음 장에는 중장년층의 문제를 다뤄보고자 한다.

13-2

일촉즉발의 위기

: 잊힌 게 아니라, 지워진 세대

한국 사회의 가장 큰 위기는, 아직도 중장년층 은둔형 외톨이에 대한 통계가 단 한 번도 제대로 이뤄진 적이 없는 것이다.

2020년대를 전후로 청년 은둔 문제는 언론과 정책에서 다뤄졌지만, 청년기를 지나 중년으로 넘어간 이들은 마치 존재하지 않는 사람들처럼 취급되었다.

그들은 단순히 '잊힌 세대'가 아니다. 오히려 의도적으로 지워진 세대에 가깝다. 청년 정책의 수혜도 받지 못하고, 중장년 복지의 범주에도 속하지 못한 채, 오랜 세월 방 안에서 고통이 겹겹이 쌓이고 있다.

청년의 은둔은 아직 '다시 나올 수 있는 가능성'으로 이야기된다. 하지만, 중장년의 은둔은 복귀의 문턱조차 사라진 상태에서 이어지는 경우가 많다. 경력은 단절되고, 관계는 오래전에 끊겼으며, 건강조차 위태로운 경우가 흔하다. 더욱 심각한 건, 이들의 삶이 사회의 시야에서 완전히 벗어나 있다는 점이다.

우리가 보지 않았던 동안, 그들은 여전히 하루하루를 버텨왔다. 방 안의 불 꺼진 창문 너머로, 누군가는 쉰 목소리로 숨을 몰아쉬고, 또 누군가는 노쇠한 부모와 함께 고립 속에서 늙어가고 있다. 그 삶은 통계에도, 정책에도, 그리고 우리의 일상적 대화에도 존재하지 않는다.

이것이야말로 일촉즉발의 위기다.

숫자로 기록되지 않은 삶은 정책의 우선순위에서 밀려난다. 사회적 관심의 목록에서 배제된다. 그 결과, 이들의 존재는 살아 있는 동안에는 드러나지 않고, 오히려 홀로 죽은 뒤 발견되는 고독사 현장에서야 세상에 모습을 드러낸다. 방 안에서 사라진 시간이, 싸늘한 시신으로 발견될 때 비로소 통계가 된다.

2022년 보건복지부 고독사 실태조사에 따르면, 4050대 중장년층의 고독사 비율은 2030대 청년층보다 무려 6.9배 높았다. 20대와 30대를 합친 고독사 수는 217명, 40대와 50대를 합치면 무려 1,515명에 이른다. 이 격차는 단순한 차이를 넘어, 세대 전체가 얼마나 심각한 위기 앞에 놓여 있는지를 보여준다.

놀라운 건, 이렇게 분명한 수치가 있음에도 불구하고 중장년층 은둔형 외톨이나 고립 문제에 대한 본격적인 조사와 정책은 전무하다는 사실이다. 청년 고립 문제에는 관심이 쏠리지만, 정작 방 안에서 세월을 버텨온 4050대의 삶은 '숫자조차 없는 세대', 곧 지워진 세대로 남아 있다.

관심과 지원의 손길이 닿지 못한 사람들은 홀로 버티다, 고독사라는 극단의 형태로 세상에 드러난다. 마치 삶은 보이지 않다가, 죽음으로만 존재가 증명되는 것처럼.

이제 질문은 분명하다.
"왜 우리는 알고 있었음에도 침묵했을까?"
"왜 더 일찍 예방하지 못했을까?"

13-3

골든타임을 놓친 5080세대

: 두 세대가 함께 갇힌 집 안의 모습

청년을 이야기할 때 우리는 늘 '미래'를 떠올린다.
지금 방 안에 머물고 있는 청년들은 시간이 지나면 어떻게 될까?

골든타임을 놓친 그들은 결국 중년이 되고, 그 중년은 다시 노년으로 이어진다. 한국 사회가 청년 은둔 문제를 제때 붙잡지 못한 대가는, **50대 은둔형 외톨이와 80대 부모가 함께 고립된 5080세대라는 새로운 모습으로 나타나고 있다.**

50대의 은둔자는 이미 수십 년 동안 사회와 단절된 채 살아왔다. 더 이상 청년 정책의 보호 대상도 아니고, 그렇다고 장애인 제도나 노인 복지에도 포함되지 않는다.
그 곁에는 80대 부모가 있다. 자녀를 돌보며 함께 늙어왔지만, 이제는 체력도, 경제력도 바닥났다. 두 세대가 한집 안에서 서로를 부양하지 못한 채 고립되는 구조, 그것이 5080세대의 비극이다.

더 큰 문제는 이들의 존재가 숫자로조차 기록되지 않는다는 것이다. 정부는 청년 은둔, 노인 고독사 통계를 내놓지만, 중장년 은둔형 외톨이에 대한 실태는 발표하지 않는다. 보이지 않는다는 건 단순한 표현이 아니다.

통계에 잡히지 않는 순간, 정책의 우선순위에서 밀려나고 사회적 관심에서 완전히 배제된다. 그래서 이들은 '잊힌 세대'가 아니라 '지워진 세대'라고 부르는 것이 맞다.

이 구조의 가장 큰 위험은 '세대 간 연쇄 고립'이다. 자녀가 은둔한 채 50대가 되면, 부모는 80대가 되어 더 이상 돌볼 수 없다. 부모가 세상을 떠난 후 남겨진 자녀는 완전히 단절 속에 고독사의 위험에 직면한다. 반대로 부모 역시 자녀와 함께 사회로부터 단절된 채 늙어간다.

**한 세대의 은둔은,
두 세대의 비극으로 이어진다.**

지금 방 안에 머물고 있는 청년들이 10년, 20년 후 어떤 모습일지 우리는 이미 짐작할 수 있다. 지금 개입하지 않는다면, 5080세대의 비극은 또 되풀이될 수밖에 없다.

오늘의 청년을 지켜내는 일은 단지 개인의 구원에 그치지 않는다. 미래의 중년 세대를 구하고, 더 나아가 한국 사회 전체의 붕괴를 막는 일과도 연결된다.

골든타임을 놓친 사회는 새로운 위기를 만들어낸다.
5080세대는 그 경고의 초상이다. 우리는 지금도 묻고 있다.

"이들을 외면한 채, 또 다른 세대를 지워버릴 것인가?
아니면, 지금이라도 손을 내밀 것인가?"

13-4

세컨드 골든타임

: 놓쳤다고 전부 끝난 건 아니다

우리는 흔히 '골든타임은 단 한 번뿐'이라고 생각한다. 청년 시절, 취업과 진학, 결혼 같은 사회적 과제에서 조금이라도 늦으면 마치 인생 전체가 끝난 듯 느껴지곤 한다.

하지만 삶은 그렇게 단선적이지 않다. 어떤 이는 스무 살에 첫 기회를 맞지만, 어떤 이는 쉰 살에, 혹은 그보다 더 늦게 두 번째 기회를 맞이한다. 나는 이 순간을 '세컨드 골든타임'이라고 부르고 싶다.

놓쳤다고 전부 끝난 건 아니다.

청년기에 실패했다고 해서 인생의 문이 완전히 닫히는 것은 아니다. 오히려 실패와 좌절은 다음 기회를 준비하는 자양분이 된다. 마치 응급 상황의 골든타임이 환자의 상태마다 달라지듯, 인생의 골든타임도 사람마다 시기와 형태가 다를 뿐이다.

자녀를 다 양육하고 공부하기 위해, 한국방송통신대학교에 입학하는 분도 있고, 시니어 모델로서 다시 제2의 인생을 시작하는 분도 있다. 이처럼 두 번째 기회는 첫 번째보다 더 늦게 올 수 있지만, 대신 더 단단하다. 이미 넘어져 본 경험이 있기에, 다시 붙잡으려는 마음이 더 강해지기 때문이다.

'나는 이미 기회를 놓쳤어.'라는 생각에 잠겨 있다면, 이 말을 꼭 건네고 싶다.

아직 끝난 게 아니라고.
당신에게도 세컨드 골든타임은 반드시 온다고.
지금은 그 시간을 준비하는 과정일 뿐이니까.

13-5

희망은 여전히 남아있다

: 끝내 무너지지 않는 가능성으로부터

"정말 다시 시작할 수 있을까?"

좌절과 실패, 고립과 불안이 길게 이어지면, 희망은 가장 먼저 사라지는 것처럼 보인다. 하지만 역설적으로, 희망은 완전히 사라진 적이 없다.

한 번의 실패가 나를 규정하지 않고, 한 번의 좌절이 내 미래를 결정하지 않는다. 오늘 문을 열지 못했더라도, 내일은 또 다른 하루가 열린다.
희망은 거창한 미래의 약속이 아니라, 오늘 하루를 버틸 수 있는 작은 힘으로 존재한다.

지금 힘든 청년의 하루, 고립된 중년의 삶, 지워진 세대의 목소리 속에서도 여전히 희망은 남아있다. 그 희망을 붙잡는 일이란, 스스로를 믿고, 서로에게 손을 내밀고, 다시 한 걸음 내딛는 것일 뿐이다.

우리는 당당하게 말할 필요가 있다.
"희망은 아직 여기에 있다."

그리고 희망은 멀리 있지 않다.

**지금 당신이 버티고 있다는 사실,
그것이 곧 우리 모두의 희망이다.**

Part 14

위로와 연대의 사회

14-1
높은 벽 앞에 선 청년들
: 노력만으로는 부족한 현실

우리는 종종 청년의 어려움을 개인의 문제로 돌리곤 한다. "좀 더 노력했어야지", "아깝지 않니" 그러나 가까이에서 들여다보면, 그 말은 참 잔인하게 들린다. **많은 청년이 마주한 현실은, 개인의 게으름이 아니라 눈에 보이지 않는 구조적 벽 때문이다.**

어떤 청년은 정규직을 얻지 못해 단기 알바를 전전한다. 누군가는 하루하루 계약서를 새로 쓰며 내일을 보장받지 못한다. 이렇게 프리터가 되는 것은, 자유의 선택이 아니라, 안정된 자리가 처음부터 좁기 때문이다.

"열심히 하면 된다"라는 말은, 애초에 모든 자리가 차 있는 현실 앞에서 무력해진다.

입시와 취업, 결혼까지 이어지는 사회의 시선은 늘 빠르다. 한발 늦으면 낙오자가 되는 듯한 공포 속에서, 어떤 청년은 스스로 방 안에 숨는다. 니트, 은둔형 외톨이가 된 그들에게 필요한 건 꾸짖음이 아니라, "괜찮아, 다시 나올 수 있어"라는 기다림이다.

보호종료청년들에게는 돌아갈 집이 없다. 만 18세가 되는 날, 세상은 축하 대신 홀로서기를 원한다. 그 나이에 어떻게 모든 것을 다 감당할 수 있을까. 그래서 자립은 준비가 아니라 생존이 되고, 그 벽은 더 높게만 느껴진다.

겉보기엔 평범하지만, 이해 속도가 조금 느린 청년들이 있다. 경계선 지능 청년들이다. 그들은 특수 지원을 받을 수도 없고, 그렇다고 평균 집단의 속도에 완전히 맞출 수도 없다. 늘 느린 걸음으로, 보이지 않는 경계에서 숨을 고른다.

**이들의 이름은 다르지만,
모두 같은 벽 앞에 서 있다.**

노력으로는 넘기 힘든 구조의 벽. 그래서 필요한 건 개인의 근성을 시험하는 사회가 아니라, 함께 성장할 수 있도록 손을 건네며, 사다리를 놓아주는 사회다.
청년들은 나태하지 않다. 그들은 단지 너무 높은 벽 앞에서 잠시 멈춰 서 있을 뿐이다. 이제 우리 사회가 해야 할 일은, 그 벽 너머의 풍경을 함께 볼 수 있도록 발판을 마련하고 따듯한 손을 건네는 일이 아닐까?

14-2

결코, 당신의 탓이 아니다
: 그러니까 마음껏 흔들리는 시간을 보내자

살다 보면 흔들릴 때가 많다. 그 흔들림은 누구에게나 자연스러운 것이지만, 이상하게도 우리 사회는 흔들리는 사람을 쉽게 탓한다. "의지가 약해서 그렇다", "노력을 안 해서 그렇다" 이런 말들은 상황을 단순하게 만들고, 지울 수 없는 상처가 된다.

하지만 분명히 말하고 싶다.

"흔들리는 건 결코, 당신의 탓이 아니다."

길이 너무 울퉁불퉁했고, 바람이 너무 거셌기 때문이다. 준비가 부족해서가 아니라, 그 누구라도 버티기 어려운 환경 속에 있었기 때문이다.

흔들린다는 건 잘못이 아니다. 방 안에 오래 머무는 것도, 프리터로 살아가는 것도, 직장을 자꾸 옮기는 것도, 앞길을 헤매는 것도 모두 잠시의 과정일 뿐이다.

그 과정이 부끄러운 게 아니라, 오히려 잘 살고 있다는 증거이다. 부끄러움을 모르는 것이 부끄러움이지, 부끄러움을 아는 것은 부끄러움이 아니다. 이 글을 읽고 부끄러워졌다면 성장했다는 것이니까 감정을 감추지 말고 받아들이는 게 어떨까.

흔들려야 중심을 잡을 수 있고, 기울어져 봐야 내가 어디에 서 있는지 알 수 있다. 잠시 멈춰 서 있어도 좋다. 그 시간은 결코 낭비가 아니고, 다시 일어설 힘을 기르는 시간이다.

나무는 바람에 흔들릴수록 뿌리를 깊이 내린다.
우리도 그렇다.

흔들림 속에서 우리는 더 단단해진다. 오늘이 불안하고 두렵더라도, 언젠가 돌아보면 이 시간이 있었기에 더 깊어진 나를 발견하게 될 것이다.

그러니 스스로를 책망하지 않았으면 좋겠다.
흔들리는 당신은 그 자체로 소중한 사람이니까.

14-3

오히려 좋아

: 나를 지켜주는 마인드 함양

살다 보면 예상치 못한 일들이 우리 앞을 가로막는다. 취업에 실패하거나, 관계가 틀어지거나, 계획했던 일이 무너져 버릴 때가 있다. 그럴 때 흔히 이렇게 말한다. "왜 하필이면 나에게 이런 일이 일어난 걸까." 하지만 시선을 다르게 보면 생각이 달라진다.

바로, "오히려 좋아."

이는 단순한 자기 위안이 아니다. 넘어진 상황을 새로운 기회로 바라보는 시각이다. 시험에 떨어졌다면, 내게 진짜 필요한 공부를 확인할 수 있었던 기회. 계획이 틀어졌다면, 다른 길을 탐색할 수 있는 기회가 된다.

삶은 늘 비교와 압박으로 우리를 흔든다. 그럴 때마다 "오히려 좋아"라는 말은 스스로를 지켜주는 방패가 된다. 남들이 보기엔 패배같아 보여도, 나에게 배움의 시간이 될 수 있고 실패처럼 보이는 순간도 결국 성장의 재료가 될 수 있다.

삶은 결국 내가 어떻게 해석하느냐의 문제이다.

같은 상황에도 해석에 따라 전혀 다른 의미를 가진다. 절망으로 끝낼 수도 있고, 시작의 발판으로 삼을 수도 있다.

"오히려 좋아"라는 태도는, 우리가 선택할 수 있는 가장 따듯한 긍정의 언어다.

삶은 완벽하게 계획대로 흘러가지 않는다. 하지만 그 속에서 이렇게 말할 수 있다면, 우리는 이미 단단해지고 있는 것이다.

14-4
얼마나 잘되려고 이럴까
: 시련이 내게 남기는 기쁨

살다 보면 모든 것이 한꺼번에 무너질 것 같은 순간이 찾아온다. 공들여 준비한 시험에서 연달아 떨어지고, 어렵게 붙은 일자리에서 오래 버티지 못하고, 믿었던 관계마저 삐걱거릴 때가 있다.

그럴 때 우리는 흔히 스스로를 책망하곤 한다. "내가 뭐가 부족해서 이렇게 되는 걸까.", "왜 나만 이런 일을 겪는 걸까." 그런데 이럴 때 시선을 조금만 바꿔보면 마음의 무게가 달라진다.

**"도대체 얼마나 잘되려고,
내게 이런 시련을 주는 걸까?"**

삶은 우리를 괴롭히려고 시련을 던져주는 것이 아니다. 때로는 우리를 더 큰 그릇으로 키우기 위해 이러한 과정을 주는 걸지도 모른다.

실패는 끝이 아니라, 방향 전환의 신호일 수 있고, 좌절은 나의 노력을 길러주는 좋은 토양일 수도 있다.

내 속도를 믿는 마음이 필요하다. 누군가는 빠르게 앞서 나가고, 누군가는 한참 뒤처져 있는 것처럼 보일 수 있다.

　하지만 중요한 건 속도가 아니라 방향이다. 오늘의 고비가 나를 어디로 이끌고 있는지, 이 시련이 어떤 힘을 키우고 있는지를 기억하길 바란다. 지금의 흔들림조차 당신의 내일을 지켜주는 자산이 된다.

　힘든 하루를 보내고 있다면, 마음속으로 되뇌는 게 어떨까.
　"내가 얼마나 잘되려고, 지금 이런 시련을 겪고 있는 걸까?"

　이 말은 자신을 끝까지 믿어주는 다짐이다. 언젠가 길고 긴 시간이 지나고 나면, 지금의 고통이 내 삶을 단단하게 지탱하는 기둥이 되어 있을 것이다.

14-5

위로에서 변화로

: 소외된 청년에게도 목소리가 필요하다

삶의 가장 깊은 어둠 속에서, 가장 시급한 위로는 "당신도 들릴 권리가 있다"라는 진심 어린 한마디일지 모른다. 그 말을 전하기 위해 나는 조던 피터슨 교수의 메시지를 빌려 이 장을 마무리하고자 한다.

조던 피터슨 교수는 한 인터뷰 도중 눈시울을 붉히며 이렇게 말했다. **"Thought the marginalized were supposed to have a voice."**
이를 직역하면, 소외된 이들에게도 목소리가 있어야 한다는 말이다.

이 짧은 문장에서 울려 퍼지는 물음은, 단순한 호소가 아니다. 존재를 지키기 위한 절박한 요청이며, 한 사회가 반드시 들어야 할 목소리다. 개인이 겪는 고통은 사적이지만, 그 고통이 공적인 울림이 되어야 한다는 메시지를 담고 있다.

앞선 장들에서는 고립된 개인이 겪는 구조적 현실과 그 속에서 흔들리는 마음을 위로하는 데 집중했다. 이제, 우리는 그 위로가 끝이 아닌 변화로 이어지기를 소망해야 한다.

"나는 외롭고 힘들지만, 여전히 말할 권리가 있다"라는 이 깨달음은 위로가 머무는 지점이 아니라, 연대와 행동이 시작되는 지점이다.

소외된 청년들이 목소리를 내는 것만큼 중요한 건, 그 목소리를 듣고 반응하는 사회다. 위로는 개인에게만 머물러선 안 된다.

그 목소리가 힘 있는 정책으로 이어지는 사회 그리고 함께 위로받고 사람들 사이에서 연결망을 만들 수 있는 사회.
이 모든 변화는 "당신의 이야기를 듣고 싶습니다"라는 진심에서 시작된다.

당신의 목소리가 세상을 바꾼다.

"소외된 이들에게도 목소리가 있어야 하는 거 아닌가요?"라는 단순한 문장이 아니다. 그것은 우리가 함께 만들어 나가야 할 메시지이자, 우리의 연대가 존엄을 일으키는 방식이다.

내가 바라보는 것은 더욱 명확하다. 이 책을 읽는 당신이, 위로가 삶의 끝이 아닌 변화의 출발이라는 믿음을 가지고, 나만의 목소리를 꺼내고, 타인의 목소리에 귀를 기울이는 작은 시작의 주인이 되기를 바란다.

Part 15

작가의 노트

15-1

내가 프리터로 살며 쓴 기록

: 이름 없는 청년으로 살아낸 시간

  나는 현재 아르바이트와 대학원을 병행하며 프리터족으로 살고 있다. 누군가의 눈에는 불안정해 보일지도 모른다. 하지만, 지금의 삶에 만족하고, 행복하다.
  어디에도 속하지 않는 자리에서, 나는 글을 쓰고 배우며 나를 단련하고 있다. 프리터라는 이름은 더 이상 결핍이 아니라, 내가 살아있음을 증명하는 다른 이름이다.

  안정적인 대기업 정규직을 퇴사할 때 모두가 놀라며 만류했다. 가장 가까운 부모님조차 이해하지 못했지만, 그때로 다시 돌아간다고 해도 나는 기꺼이 퇴사했을 것이다.
  20대는 무모해야 하고, 그래서 도전해야 하는 나이라고 믿기 때문이다. **다시 돌아오지 않을 젊음 앞에서 안주하기보다는, 나는 스스로 행복한 프리터라는 길을 선택했다.**

  나는 이 책을 통해 청년을 단순히 결과로 평가하지 않고, 그들이 왜 이런 선택을 했는지 물어봐 주길 바란다. 같은 삶도 어떻게 바라보느냐에 따라 전혀 다른 무게를 갖는다. 바라보는 눈이 바뀌면, 삶의 질량도 달라진다.

지금 이 책을 읽고 있는 당신은 절대 못나지 않았다. 잠시 멈춰 서 있다고 해서, 남들보다 늦게 걷고 있다고 해서, 당신의 삶이 덜 소중해지는 것은 아니다.

우리는 늘 비교 속에서 자신을 깎아내리지만, 사실 가장 큰 오해는 자기 자신을 향해 있다. **당신은 이미 잘하고 있다. 버티고 있고, 걸어가고 있다. 그것만으로도 충분하다.**

혹시 누군가가 당신을 부족하다 말하더라도, 그것은 그들의 잣대일 뿐이다. 당신이 지금까지 해온 모든 고민과 시도, 그리고 실패조차도 당신이라는 사람을 더 단단하게 만들고 있다.

그러니 절대 잊지 말자.
못난 게 아니라, 여전히 길 위에 있는 것이다. 그리고 그 길 위에서 당신의 청춘은 충분히 아름답다는 것을.

15-2

다음 세대를 위한 제언

: '부모교육'과 '감정교육'의 빈자리를 채워야 한다

우리는 흔히 교육을 말할 때는 성적과 진학, 혹은 취업을 먼저 떠올린다. 하지만, 한 세대를 건강하게 키워내는 데 필요한 건 성적표보다 '감정'이고, 스펙보다 '관계'일지 모른다. 그 증거는 이미 다른 나라들의 사례에서 찾아볼 수 있다.

핀란드 학교에는 '왕따 없는 교실'이라는 말이 있다. 아이들은 모두 같은 교실에서 배우지만, 각자 필요한 만큼의 맞춤형 지원을 받는다. 학업 성취보다 먼저 배우는 건, 서로의 감정을 이해하고 존중하는 법이다.

핀란드는 '다름을 존중하는 포용 교육'에 기반한다. '감사', '칭찬', '존중' 등 핵심 단어를 중심으로 한 '강점 연습' 수업도 이어진다. 서로의 다름을 차별의 시선으로 바라보는 것이 아니라, 세상을 더 넓게 배우는 기회로 받아들이는 것이다.

반면, 일본은 교육의 출발점을 가정에서 찾았다. 아이에게만 책임을 지우는 것이 아니라, 부모도 함께 배우는 존재임을 인정한다. 아이는 학교에서 배우기 전에, 집 안에서 삶을 살아가는 법을 익힌다.

문부과학성 공식 홈페이지에 **"가정은 아이들의 건강한 성장의 기초이며, 가정교육은 모든 교육의 출발점입니다"**라고 명시되어 있다.

이 말은 부모도 아이와 함께 배우는 존재라는 것을 인정하는 말이다. 아이가 세상에 나와 성장하는 동안, 부모 역시 '어떻게 아이의 마음을 읽을지', '갈등 상황에서 어떻게 대화할지'를 배워야 한다는 것이다.

이는 부모가 완벽해야 한다는 압박이 아니라, 부모도 함께 배우며 성장하는 동행자라는 관점이다. 아이가 넘어졌을 때 다시 일어설 수 있도록 옆에서 손을 내밀어 주는 존재, 그것이 부모라면, 부모 또한 배우면서 자라야 더 깊은 손길을 내밀어 줄 수 있다.

이 두 나라의 사례가 우리에게 건네는 메시지는 단순하다. 교육은 점수나 성과만으로 완성되지 않는다는 것, 감정을 이해하고, 다름을 존중하며, 부모와 아이가 함께 배우는 경험이 쌓일 때 비로소 아이는 흔들리지 않는 자존감을 키울 수 있다.

만약, 한국 사회가 이런 '감정교육'과 '부모교육'을 일찍부터 제도화했다면, 지금의 청년들이 겪는 불안과 고립은 조금 덜했을지도 모른다.

'프리터', '니트', '은둔형 청년'이라는 이름으로 불리는 이들의 모습은 개인의 나약함이 아니라, 사회가 놓친 교육의 빈틈을 보여주는 결과이기도 하다.

결국 중요한 건 질문의 전환이다. "왜 청년들은 이렇게 무너졌는가?"가 아니라, **"우리는 청년들이 무너지지 않도록 무엇을 가르치고 지켜주었는가?"** 라는 물음으로 나아가야 한다.

15-3

나의 경험에서 우리의 길로
: 개인의 기록이 세대의 초상으로

내가 걸어온 길은 어쩌면,
평범한 청년의 기록일지도 모른다.

안정적인 정규직을 그만두고, 프리터로 살며, 대학원 강의실에서 다시 꿈을 찾고, 때로는 불안과 싸우며 살아가는 일상. 하지만, 글을 쓰는 동안 깨달았다. 이 이야기가 단순히 '나의 이야기'로 끝나지 않는다는 것을.

**이 책은 보이지 않는다는 이유로,
사회로부터 소외받았던 청년 세대의 아우성이다.**

프리터, 니트, 은둔형 등 서로 다른 이름을 붙였을 뿐, 그 밑바닥에 흐르는 감정은 닮아 있었다. 안정된 길에서 벗어나 방황하기도 하고, 누구도 대신 짊어지지 못할 무게에 허덕이기도 하면서, "이 길이 맞는 걸까?"라는 질문을 끝없이 품고 있었다.
그 질문은 혼자가 아니라, 함께 던지는 것이었다. 불안정한 자리에서 서로를 바라보며, 우리는 같은 시대를 살아가는 청년이다. 내가 쓴 글은 '나의 기록'을 넘어, 청년 세대의 한 조각이 되길 바란다.

이 책을 덮는 순간, 누군가는 이렇게 말할 수 있기를. "나만 그런 게 아니었구나." 그 깨달음 하나만으로도, 다시 내일을 살아갈 수 있는 작은 힘이 생길 수 있다. 나의 경험은 우리의 길로 이어지고, 그 길은 다음 세대를 위한 이정표가 될 수 있다.

앞으로의 나는 더 이상 혼자가 아니다. 나의 기록 속에는 이미 당신이 있고 우리의 세대가 함께 있다. **프리터로 살며 느낀 자유와 불안, 방황과 희망은 내 것만이 아니다. 그것은 이 시대를 살아가는 청년들이 공유하는 얼굴이자, 목소리다.**

이제 나를 증명하기 위해 쓰는 것이 아니라, 우리를 증언하기 위해 쓴다. 우리가 걸어온 길이 틀린 길이 아니었음을, 불완전한 오늘도 충분히 의미 있다는 사실을 남기기 위해서.

더 천천히,
더 단단히 살아가고 싶다.

결과가 아니라 과정에, 성과가 아니라 존엄에, 비교가 아니라 연결에 가치를 두고 싶다. 그리고 그 삶의 흔적을 글로 남겨, 언젠가 이 글을 읽는 또 다른 누군가에게 큰 위로가 되어주고 싶다.

15-4

작은 불빛이 모여 길을 밝힌다
: 흩어진 빛이 하나의 길이 될 때

살아가다 보면 누구나 멈추고 싶은 순간이 있다. 계획은 항상 어긋나도, 마음은 자기 멋대로 흔들리고, 길은 한 치도 보이지 않는다. 그럴 때 우리는 흔히 '내가 부족해서 그렇다'라고 말한다.

하지만, 완벽한 존재라면 누구와도 손잡을 필요가 없을 것이다. 넘어지기도 하고, 느리게 걷기도 하기에 우리는 서로의 걸음을 살핀다. **그 불완전함 덕분에 누군가의 위로가 마음 깊이 닿을 수 있었고, 나의 작은 이야기 또한 다른 이의 길을 밝히는 불빛이 될 수 있었다.**

책에 나오는 청년들의 이름은 달라도 우리는 모두 불완전한 존재다. 그러나, 불완전한 오늘도, 누군가에게는 희망찬 하루였다는 사실을 잊지 않았으면 한다.

희망은 거대한 변화에서 오는 게 아니다. 어제보다 조금 더 편안하게 숨 쉬는 것, 오늘 하루 누군가와 나눈 따뜻한 대화, 책 속에서 발견한 한 줄의 문장 같은 작은 경험이 쌓여 삶의 방향을 바꾼다.

그 작은 순간들이 모여 결국은 우리가 다시 살아가고 싶은 내일을 만든다.

어쩌면 희망은 멀리 있는 것이 아니라, 이미 우리 안에서 불씨처럼 남아 있는지도 모른다.

그 불씨를 꺼뜨리지 않고 지켜내는 것, 그리고 옆 사람과 나누어 더 큰 불빛으로 키워가는 것. 그것이 우리가 불완전한 삶 속에서도 여전히 걸어갈 수 있는 이유일 것이다.

15-5

태어난 것만으로도 존엄한 존재

: 사랑받아 마땅할 당신에게

우리는 살아가면서 너무 자주 스스로를 의심한다. "나는 쓸모 있는 사람일까?", "이렇게 살아도 괜찮은 걸까?" 세상은 성과와 비교의 잣대를 들이대며 우리를 재단하지만, 그 모든 평가보다 먼저 존재하는 진실이 있다.

당신은 태어난 순간부터 이미 존엄한 존재다.

무언가를 성취하지 않아도, 누구에게 인정받지 않아도, 당신은 사랑받아야 할 이유를 충분하게 가지고 있다. 숨 쉬고 있다는 그 사실 하나로도 당신의 존재는 가치가 있다.

물론, 삶은 때때로 무겁다. 실패와 좌절, 관계의 단절 속에서 우리는 종종 스스로의 가치를 잊는다. 그러나 그 순간에도 당신의 존엄은 사라지지 않는다. 비바람 속에서도 꽃이 제 자리를 지키듯, 당신 또한 존재만으로 의미를 품고 있다.

기억해 줬으면 한다. 사랑은 조건이 아니라, 존재 그 자체에서 비롯

된다는 것을. 당신이 걸어온 모든 상처와 흔들림까지 지금도 당신을 만든 귀한 조각이라는 사실을. 그 불완전함이 모여, 세상에 하나뿐인 당신의 무늬를 완성한다.

"당신은 사랑받아야 마땅한 사람입니다."

이 책을 덮는 순간,
그 마음이 작은 불씨가 되어 당신의 내일을 밝혀주길 바란다.

작가의 마지막 말
: 현시대를 살아가는 청년의 자화상

'프리터', '쉬는 청년', '니트', '은둔형 외톨이', '경계선 지능 청년', '보호종료청년' 서로 다른 이름으로 불리지만, 그 이름 아래 놓여 있는 마음은 놀랄 만큼 매우 닮아있다. 불안, 두려움, 그리고 질문.

"이렇게 살아도 괜찮은 걸까?"

우리는 각자의 자리에서 같은 물음을 반복한다. 남들보다 늦은 속도를 탓하고, 준비되지 않은 선택을 자책하며, 사회의 시선 앞에서 스스로를 검열한다. 때로는 '무너진 세대'라 불리기도 하고, '게으른 청년'이라는 오해를 받기도 한다.

내가 보고, 내가 만나 온 청년들은 단지 멈춰 선 것이 아니라, 버티고 있었고, 살아내고 있었다. 불완전한 몸짓 속에도 분명히 '살고자 하는 의지'가 있었다.

이 책을 쓰면서 가장 크게 다가온 진실은 이것이다. 청년은 언제나 스스로를 비난하기 전에 사회를 먼저 비추는 거울이라는 사실을.

우리가 불안하다면, 그것은 개인의 결핍이 아니라 시대가 만든 구조의 불안이다. 우리가 멈춰 있다면, 그것은 게으름이 아니라 쉼을 허락하지 않는 사회의 초상이다.

"이렇게 살아도 괜찮은가?"라는 질문은,
조금씩 "이렇게 살아도 괜찮다"라는 확신으로 바뀌어야 한다.

괜찮다는 말은 더 이상 자기 위안의 변명이 아니다. 그것은 불완전하고, 느리고, 때로는 실패한 모습까지도 '나의 일부'로 받아들이는 자기 긍정이다.
그리고 그 자기 긍정은, 같은 길을 걷는 또 다른 누군가에게 가장 큰 위로가 된다.

청년이라는 이름은 결코 약자가 아니다. 우리는 지금 불안을 공유하고 있지만, 동시에 질문을 공유하고 있다. 그리고 질문을 멈추지 않는 한, 우리는 스스로의 답을 만들어낼 것이다.

나의 이야기가,
우리의 이야기가,
누군가에게 작은 등불이 되기를 바란다.

불완전한 오늘도,
당신의 삶은 이미 충분히 빛나고 있다.

2025년 10월

김광민